Novelas Cortas para Aprender Inglés

Historias cortas en Inglés para principiantes

Samuel John

Copyright © 2022 Samuel John
All rights reserved.

Aunque el autor y el editor han hecho todo lo posible para garantizar que la información presentada en este libro sea correcta en el momento actual, el autor y el editor no asumen y por lo tanto renuncian a cualquier responsabilidad ante cualquier parte por cualquier pérdida, daño o interrupción causada por errores u omisiones, ya sea que dichos errores u omisiones sean resultado de negligencia, accidente o cualquier otra causa.

Este libro se ha diseñado utilizando recursos de www.freepik.com

greenthumbpublishing@gmail.com

Contenido

Introducción

Leer en una lengua extranjera es una de las formas más eficaces de mejorar las habilidades lingüísticas y ampliar el vocabulario. Sin embargo, a veces puede ser difícil encontrar materiales de lectura atractivos y de un nivel adecuado que proporcionen una sensación de logro y de progreso. La mayoría de los libros y artículos escritos para hablantes nativos pueden ser demasiado largos y difíciles de entender o pueden tener un vocabulario de muy alto nivel, por lo que te sientes abrumado y te rindes. Si estos problemas le resultan familiares, ¡este libro es para usted!

Novelas Cortas para Aprender Inglés es una colección de 25 historias cortas poco convencionales y entretenidas que están diseñadas para ayudar a los estudiantes de Inglés de nivel principiante a intermedio a mejorar sus habilidades lingüísticas. Estas historias cortas crean un ambiente de apoyo a la lectura al incluir;

-contenido lingüístico rico en diferentes géneros para mantenerlo entretenido y exponerlo a una variedad de formas de palabras.
-Historias más cortas en capítulos para darle la satisfacción de terminar las historias y progresar rápidamente.
-Los textos están escritos a su nivel para que sean más fáciles de comprender y no abrumen.

Encontrarás la traducción al español en páginas alternas para que puedas consultarla directamente

línea por línea mientras lees la historia en Inglés.

El vocabulario clave aparece en negrita en la historia y en la traducción para ayudarle a entender más fácilmente las palabras que no conoce.

Preguntas para evaluar su comprensión de los acontecimientos clave y animarle a leer más a fondo.

Así que, tanto si quieres ampliar tu vocabulario como mejorar tu comprensión o simplemente leer por diversión, este libro es el mayor paso adelante que darás en tus estudios este año. Novelas Cortas para Aprender Inglés te dará todo el apoyo que necesitas, así que siéntate, relájate y deja volar tu imaginación mientras te transportas a un mundo mágico de aventuras, misterio e intriga... ¡en Inglés!

Cómo leer con eficacia

La lectura es un talento difícil de dominar. Utilizamos una serie de microhabilidades para ayudarnos a leer en nuestras lenguas maternas. Por ejemplo, podemos hojear un pasaje para entender a grandes rasgos el contenido. También podemos leer numerosas páginas de un horario de tren para buscar una hora o un lugar concretos. Mientras que estas microhabilidades son naturales cuando leemos en nuestra lengua materna, las investigaciones revelan que solemos olvidar la mayoría de ellas cuando leemos en una lengua extranjera. Cuando aprendemos una lengua extranjera, solemos empezar por el principio de un texto y nos abrimos paso a través de él, tratando de entender cada una de las palabras. Inevitablemente, nos encontramos con términos desconocidos o complejos y nos sentimos molestos por nuestra incapacidad para comprenderlos.

Una de las mayores ventajas de leer en una lengua extranjera es que se está expuesto a un gran número de frases y expresiones que se utilizan en situaciones cotidianas. La lectura extensiva es un término utilizado para describir la lectura por placer con el fin de aprender un idioma. No es como la lectura de un libro de texto, cuando las conversaciones o los textos están diseñados para ser leídos lenta y cuidadosamente con el objetivo de comprender cada palabra. "Lectura intensiva" se refiere a la lectura que se realiza para alcanzar objetivos específicos de aprendizaje o

completar tareas. Dicho de otro modo, la lectura intensiva de libros de texto suele ayudar al aprendizaje de reglas gramaticales y vocabulario concreto, pero la lectura extensiva de cuentos ayuda al aprendizaje del lenguaje natural.

Aunque es posible que haya comenzado su viaje de aprendizaje de idiomas únicamente con libros de texto, le ofreceremos la oportunidad de aprender más sobre la lengua inglesa natural en uso. A continuación le ofrecemos algunas indicaciones que debe tener en cuenta al leer las historias de este libro para sacar el máximo provecho de ellas: Cuando se trata de leer, el disfrute y la sensación de logro son fundamentales. Uno sigue volviendo a por más porque disfruta con lo que lee. Leer cada historia de principio a fin es la mejor manera de disfrutar de la lectura de historias y sentirse realizado. Por eso, lo más importante es llegar al final de una historia. De hecho, es más crucial que saberse todas las palabras.

Cuanto más leas, más conocimientos adquirirás. Si lees libros largos por placer, comprenderás rápidamente cómo funciona el Inglés. Sin embargo, ten en cuenta que para obtener todos los beneficios de la lectura extensiva, primero debes leer un volumen suficientemente importante. Leer unas pocas páginas aquí y allá puede enseñarle algunas palabras nuevas, pero no supondrá una diferencia significativa en su nivel general de Inglés.

La guía de lectura

Para aprovechar al máximo la lectura de Short Stories in English for Intermediate Learners, lo mejor será que sigas este sencillo proceso de lectura en seis pasos para cada capítulo de los cuentos:

Lee el título del capítulo. Piensa en qué podría tratarse la historia. A continuación, lee la historia hasta el final. Tu objetivo es simplemente llegar al final de la historia. Por tanto, no te detengas a buscar palabras y no te preocupes si hay cosas que no entiendes. Simplemente intenta seguir la trama.

Cuando llegues al final de la historia, escudriña la traducción al español para ver si has entendido lo que ha sucedido y recoge el contexto que hayas podido perder.

Vuelve a leer la misma historia. Si quieres, puedes centrarte más en los detalles de la historia que antes, pero si no, simplemente vuelve a leerla.

A continuación, trabaja con las Comprehension Questionsen Inglés para comprobar que has entendido los acontecimientos clave de la historia. Si no entiendes del todo las preguntas, no te preocupes. Utiliza tus conocimientos para responder lo mejor posible.

Llegados a este punto, debería comprender en cierta medida los principales acontecimientos del capítulo. Si no es así, puedes releer el capítulo varias veces utilizando la traducción para comprobar las palabras y

frases desconocidas hasta que te sientas seguro.

Una vez que esté preparado y confíe en que entiende lo que ha sucedido -ya sea después de una o varias lecturas de la historia-, pase a la siguiente historia y siga disfrutando de ella a su propio ritmo, como haría con cualquier otro libro. Sólo una vez que haya completado una historia en su totalidad, debería considerar la posibilidad de volver atrás y estudiar el lenguaje de la historia con más profundidad, si así lo desea. O, en lugar de preocuparse por entenderlo todo, tómese el tiempo necesario para concentrarse en todo lo que ha entendido y felicitarse por todo lo que ha hecho.

Novelas Cortas

para Aprender Inglés

The Lake District

The Lake District was always a place of **mystery** to me. As a child, I would often explore the forests and lakes, imagining what secrets they held. I never imagined that one day I would find out. It was a warm summer day when I decided to take a walk in the **woods** near my house. I had been **exploring** these woods for years, and knew them like the back of my hand. But on this day, something felt different. It was as if someone was watching me. I tried to shake off the feeling and **continued** walking, but soon enough I heard footsteps behind me. When I turned around, there was no one there. My heart began to race as fear took over. I began to run, but it was as if the **footsteps** were following me. No matter how fast I ran, they always seemed to be right behind me. **Suddenly**, I felt something grab my arm and I was pulled into the woods. I tried to scream, but a hand covered my mouth. I was terrified as I looked into the eyes of my captor. But then I saw **something** that made me even more afraid. The person who had grabbed me was wearing a mask.

A mask that resembled one of the **animals** from the forest. And in their other hand, they held a knife. I was shaking with fear, but I knew I had to stay calm. The person who had grabbed me was clearly not **human**, and I didn't know what they **wanted** with me. But then they spoke, in a voice that sounded both ancient and wise. "You are the chosen one," they said. "The one who will save us all." I didn't know what to say or do.

El Distrito de los Lagos

El Distrito de los Lagos siempre fue un lugar **misterioso** para mí. De niño, solía explorar los bosques y los lagos, imaginando qué secretos guardaban. Nunca imaginé que un día lo descubriría. Era un cálido día de verano cuando decidí dar un paseo por el **bosque** cercano a mi casa. Llevaba años **explorando** esos bosques y los conocía como la palma de mi mano. Pero ese día, algo se sentía diferente. Era como si alguien me observara. Intenté deshacerme de la sensación y **seguí** caminando, pero pronto oí pasos detrás de mí. Cuando me giré, no había nadie. Mi corazón empezó a acelerarse y el miedo se apoderó de mí. Empecé a correr, pero era como si los **pasos** me siguieran. No importaba lo rápido que corriera, siempre parecían estar detrás de mí. **De repente**, sentí que algo me agarraba del brazo y me arrastraba hacia el bosque. Intenté gritar, pero una mano me tapó la boca. Estaba aterrorizada mientras miraba a los ojos de mi captor. Pero entonces vi **algo** que me hizo sentir aún más miedo. La persona que me había agarrado llevaba una máscara.

Una máscara que se parecía a uno de los **animales del bosque**. Y en la otra mano sostenían un cuchillo. Estaba temblando de miedo, pero sabía que tenía que mantener la calma. La persona que me había agarrado claramente no era **humana**, y no sabía qué **quería** de mí. Pero entonces hablaron, con una voz que sonaba

This couldn't be happening. I must be dreaming. But it felt so real. The person **explained** that there was a war coming, and that only I could stop it. They told me about an evil force that was rising, and how only **someone** with a pure heart could defeat it. Without knowing what else to do, I agreed to help them. And so began my journey to save the world from **destruction**.

I was given a **sword** and told to head north. I had no idea what I was doing, but I knew I had to try. The person who had grabbed me disappeared into the woods, leaving me alone with my thoughts. And so I began walking, not knowing what awaited me. After days of walking, I came **across** a small village. It looked like it had been abandoned for years. But as soon as I entered, I could feel eyes on me. Hidden in the shadows, people were watching me. But they didn't come out until **nightfall**. That's when they attacked. I fought back as best as I could, but there were too many of them. Just when it **seemed** like all hope was lost, someone came to my rescue. A group of people wearing masks similar to the one from before appeared and fought off my attackers. Afterward, they took me to their hidden underground lair and explained everything that was **happening**.

tan antigua como sabia. "Tú eres el elegido", dijeron. "El que nos salvará a todos". No sabía qué decir o hacer. Esto no podía estar sucediendo. Debo estar soñando. Pero parecía tan real. La persona **me explicó** que se avecinaba una guerra y que sólo yo podía detenerla. Me hablaron de una fuerza maligna que estaba surgiendo, y de cómo sólo **alguien** con un corazón puro podría derrotarla. Sin saber qué más hacer, acepté ayudarles. Y así comenzó mi viaje para salvar al mundo de la **destrucción**.

 Me dieron una **espada** y me dijeron que me dirigiera al norte. No tenía ni idea de lo que estaba haciendo, pero sabía que tenía que intentarlo. La persona que me había agarrado desapareció en el bosque, dejándome solo con mis pensamientos. Y así comencé a caminar, sin saber lo que me esperaba. Después de varios días caminando, me **encontré con** un pequeño pueblo. Parecía estar abandonado desde hacía años. Pero en cuanto entré, pude sentir los ojos sobre mí. Oculta en las sombras, la gente me observaba. Pero no salieron hasta **el anochecer**. Fue entonces cuando atacaron. Me defendí lo mejor que pude, pero eran demasiados. Justo cuando **parecía** que toda esperanza estaba perdida, alguien vino a rescatarme. Apareció un grupo de personas con máscaras similares a las de antes y lucharon contra mis atacantes. Después, me llevaron a su guarida subterránea oculta y me explicaron todo lo que estaba **ocurriendo**.

Comprehension Questions

1. Where is the Lake District?

2. What did the child often do in the Lake District?

3. What did the child find out one day?

4. On the day something different happened, what did the child feel?

5. Who grabbed the child?

6. What did the person who grabbed the child have in their other hand?

7. What did the person tell the child?

8. What did the child agree to do?

9. What was the child given?

Preguntas de comprensión

1. ¿Dónde está el Distrito de los Lagos?

2. ¿Qué solía hacer el niño en la Región de los Lagos?

3. ¿Qué descubrió el niño un día?

4. El día que ocurrió algo diferente, ¿qué sintió el niño?

5. ¿Quién agarró al niño?

6. ¿Qué tenía la persona que agarró al niño en su otra mano?

7. ¿Qué le dijo la persona al niño?

8. ¿Qué aceptó hacer el niño?

9. ¿Qué se le dio al niño?

Snowdonia

The first time I ever saw **Snowdonia** was in a dream. It was a cold winter night and the snow was falling gently from the sky. The landscape was so beautiful and peaceful that I felt like I could stay there forever. I woke up the next **morning** with the image of Snowdonia burned into my mind. I knew that I had to see it for myself someday. A few years later, I finally made the trip to Snowdonia National Park in Wales. As soon as I arrived, I understood why my dreams had been so filled with this place. It was like nowhere else on Earth. The **mountains** loomed large overhead, their peaks covered in snow even though it was summertime down in the valley below. There were wildflowers blooming everywhere, and the air smelled fresh and clean. Every day during my visit, I went on new adventures, exploring different parts of Snowdonia. One day, I hiked to the top of Mount Snowdon, the highest **peak** in Wales.

Another day I took a boat ride across Llyn Glaslyn, admiring the stunning scenery along the way. And on one **memorable** evening, I sat outside under the night sky, watching as shooting stars streaked across the dark abyss above me. But no matter what activity I did each day or how long I stayed in Snowdonia National Park, there was always one thing that drew me back to that first magical night long ago: standing among those towering mountains and looking out at the **majestic** view of valleys **blanketed** in snow. It was my last day in Snowdonia National Park, and I woke up early to make

Snowdonia

La primera vez que vi **Snowdonia** fue en un sueño. Era una fría noche de invierno y la nieve caía suavemente del cielo. El paisaje era tan hermoso y pacífico que sentí que podría quedarme allí para siempre. Me desperté a la **mañana siguiente** con la imagen de Snowdonia grabada a fuego en mi mente. Sabía que tenía que verlo por mí mismo algún día. Unos años después, finalmente hice el viaje al Parque Nacional de Snowdonia, en Gales. Nada más llegar, entendí por qué mis sueños habían estado tan llenos de este lugar. No se parece a ningún otro lugar de la Tierra. Las **montañas** se alzaban en lo alto, con sus picos cubiertos de nieve a pesar de que en el valle de abajo era verano. Había flores silvestres por todas partes y el aire olía a fresco y limpio. Todos los días de mi visita, me embarqué en nuevas aventuras, explorando diferentes partes de Snowdonia. Un día subí a la cima del Monte Snowdon, el **pico** más alto de Gales.

Otro día di un paseo en barco por el Llyn Glaslyn, admirando el impresionante paisaje a lo largo del camino. Y en una noche **memorable**, me senté al aire libre bajo el cielo nocturno, observando cómo las estrellas fugaces atravesaban el oscuro abismo que había sobre mí. Pero independientemente de la actividad que realizara cada día o del tiempo que permaneciera en el Parque Nacional de Snowdonia, siempre había algo que me devolvía a aquella primera noche mágica de hace mucho tiempo: estar

the most of it. I had already packed my bags and said goodbye to the friends I had made during my stay, so all that was left was to explore one last time. I decided to take a walk through the woods near my **campsite**. The sun was just starting to peek through the trees as I began walking, and the forest floor was covered in a blanket of mist.

 As I walked **deeper** into the woods, I started hearing strange noises. It sounded like someone was following me, but every time I turned around, there was no one there. Suddenly, I heard a loud crash behind me and I turned around to see a **massive** grizzly bear standing right in front of me! I was **paralyzed** with fear as I stared into the bear's eyes. It seemed like time stood still as we just looked at each other. Then, without **warning**, the bear charged towards me! I turned and ran as fast as I could, but there was no way I could outrun a grizzly bear. Just when it seemed like the bear was about to catch up to me, I tripped on a root and fell to the ground. The next thing I knew, the bear was gone and I was lying in a heap on the forest floor. When I finally regained my senses, I took inventory of my **injuries**: two broken legs, a dislocated shoulder, and numerous cuts and bruises all over my body. It hurt to move, but I slowly managed to crawl out of the woods and back to my campsite, where I found help.

entre aquellas imponentes montañas y contemplar la **majestuosa** vista de los valles **cubiertos** de nieve. Era mi último día en el Parque Nacional de Snowdonia, y me levanté temprano para aprovecharlo al máximo. Ya había hecho las maletas y me había despedido de los amigos que había hecho durante mi estancia, así que sólo me quedaba explorar por última vez. Decidí dar un paseo por el bosque cercano a mi **campamento**. El sol empezaba a asomar entre los árboles cuando comencé a caminar, y el suelo del bosque estaba cubierto por un manto de niebla.

A medida que me **adentraba** en el bosque, empecé a oír ruidos extraños. Parecía que alguien me seguía, pero cada vez que me giraba, no había nadie. De repente, oí un fuerte golpe detrás de mí y me di la vuelta para ver un **enorme** oso pardo de pie justo delante de mí. Me quedé **paralizado** de miedo mientras miraba fijamente a los ojos del oso. Parecía que el tiempo se había detenido mientras nos mirábamos el uno al otro. Entonces, sin **previo aviso**, el oso cargó contra mí. Me di la vuelta y corrí tan rápido como pude, pero no había forma de dejar atrás a un oso pardo. Justo cuando parecía que el oso estaba a punto de alcanzarme, tropecé con una raíz y caí al suelo. Lo siguiente que recuerdo es que el oso había desaparecido y yo estaba tirado en el suelo del bosque. Cuando por fin recobré el sentido, hice inventario de mis **heridas**: dos piernas rotas, un hombro dislocado y numerosos cortes y moratones por todo el cuerpo. Me dolía moverme, pero poco a poco conseguí arrastrarme fuera del bosque y volver a mi campamento, donde encontré ayuda.

Comprehension Questions

1. What does the author dream about?

2. What does the author think about the dream?

3. What does the author do when they wake up?

4. What does the author think when they see Snowdonia National Park?

5. What does the author do each day during their visit?

6. What is the author's favorite part of Snowdonia National Park?

7. What does the author do on their last day in Snowdonia National Park?

8. What does the author hear while walking in the woods?

9. What does the author see when they turn around?

Preguntas de comprensión

1. ¿Con qué sueña el autor?

2. ¿Qué piensa el autor del sueño?

3. ¿Qué hace el autor cuando se despierta?

4. ¿Qué piensa el autor cuando ve el Parque Nacional de Snowdonia?

5. ¿Qué hace el autor cada día durante su visita?

6. ¿Cuál es la parte favorita del autor del Parque Nacional de Snowdonia?

7. ¿Qué hace el autor en su último día en el Parque Nacional de Snowdonia?

8. ¿Qué oye el autor mientras camina por el bosque?

9. ¿Qué ve el autor cuando se da la vuelta?

Dartmoorn

The moor was a dark and **foreboding** place. Even the animals seemed to sense the danger that lurked within their shadows. But there was one creature that was not afraid of the moor, or anything else for that matter. That creature was a small, black cat named **Dartmoor**. Dartmoor had been born on the moor and had never known any other life. He roamed freely, going where he pleased and doing as he liked. He knew every nook and cranny of the moor, and there wasn't a thing that could scare him. One night, as Dartmoor was **prowling** around his favorite part of the moor, he heard a strange noise. It sounded like someone was crying. He **followed** the sound until he came to a **clearing** where he saw a woman sitting on the ground with her head in her hands. She looked up when she heard him approach, and darting forward, she scooped him into her arms. The woman was crying uncontrollably now, and Dartmoor could feel her shaking.

He didn't know what to do, so he just sat there and let her cry. After a few **minutes**, she began to calm down, and she looked at him with gratitude. "Thank you for being here," she said. "My name is Sarah." Sarah told Dartmoor that she had been out hiking when she got lost. She had been walking for hours, trying to find her way back, but she couldn't seem to find the right path. She was **exhausted** and scared, and when she saw Dartmoor, she felt like he was a sign from God that everything would be alright. **Dartmoor** stayed with Sarah all night, keeping her warm and **comforting**

Dartmoor

El páramo era un lugar oscuro y **premonitorio**. Incluso los animales parecían sentir el peligro que acechaba entre sus sombras. Pero había una criatura que no tenía miedo del páramo, ni de nada. Esa criatura era un pequeño gato negro llamado **Dartmoor**. Dartmoor había nacido en el páramo y nunca había conocido otra vida. Vagaba libremente, iba a donde quería y hacía lo que quería. Conocía todos los rincones del páramo y no había nada que pudiera asustarle. Una noche, mientras Dartmoor **merodeaba** por su parte favorita del páramo, escuchó un ruido extraño. Parecía que alguien estaba llorando. **Siguió** el sonido hasta llegar a un **claro** donde vio a una mujer sentada en el suelo con la cabeza entre las manos. La mujer levantó la vista cuando le oyó acercarse y, lanzándose hacia delante, le cogió en brazos. La mujer estaba llorando incontroladamente, y Dartmoor podía sentirla temblar.

Él no sabía qué hacer, así que se sentó y la dejó llorar. Después de unos **minutos**, ella comenzó a calmarse y lo miró con gratitud. "Gracias por estar aquí", dijo ella. "Me llamo Sarah". Sarah le contó a Dartmoor que había salido de excursión cuando se perdió. Llevaba horas caminando, intentando encontrar el camino de vuelta, pero no conseguía encontrar el camino correcto. Estaba **agotada** y asustada, y cuando vio a Dartmoor, sintió que era una señal de Dios de que todo estaría bien. **Dartmoor** se quedó con Sarah toda la noche, manteniéndola caliente y **consolándola** hasta que llegó

her until morning came. When the sun rose over the moor, Sarah felt better. She was still tired but no longer scared. Looking at Dartmoor sleeping peacefully next to her made her feel safe somehow.

Slowly getting up, she dusted off her clothes before looking around. She saw the path then and realised where she had gone wrong last night. It all **looked** so different in the daylight. But one thing was for sure, she would never forget what this little cat had done for her & how he'd shown her that even in the darkest of places, there can be light. **Sarah** made her way back to the path and began the hike back to her car. She was tired, but she felt lighter, as if a **weight** had been lifted off of her shoulders. Every now and then she would look back, half expecting to see **Dartmoor** following her, but he was nowhere to be seen. She reached her car a few hours later and drove home, feeling grateful for the **experience** and for the little cat who had saved her.

la mañana. Cuando salió el sol sobre el páramo, Sarah se sintió mejor. Todavía estaba cansada, pero ya no tenía miedo. Ver a Dartmoor durmiendo plácidamente a su lado la hacía sentir segura de alguna manera.

Se levanta lentamente y se quita el polvo de la ropa antes de mirar a su alrededor. Entonces vio el camino y se dio cuenta de dónde se había equivocado la noche anterior. A la luz del día todo **parecía** tan diferente. Pero una cosa era segura, nunca olvidaría lo que este pequeño gato había hecho por ella y cómo le había demostrado que incluso en los lugares más oscuros puede haber luz. **Sarah** regresó al camino y comenzó la caminata de vuelta a su coche. Estaba cansada, pero se sentía más ligera, como si se hubiera quitado un **peso** de encima. De vez en cuando miraba hacia atrás, esperando ver a **Dartmoor** siguiéndola, pero no lo veía por ninguna parte. Llegó a su coche unas horas más tarde y volvió a casa, sintiéndose agradecida por la **experiencia** y por el pequeño gato que la había salvado.

Comprehension Questions

1. What was the name of the cat?

2. Where was the cat born?

3. What noise did the cat hear?

4. Who was the woman?

5. Why was the woman crying?

6. What did Sarah say to the cat?

7. How did Sarah feel when she woke up?

8. Where was Sarah going?

9. What did Sarah think of Dartmoor?

Preguntas de comprensión

1. ¿Cómo se llamaba el gato?

2. ¿Dónde nació el gato?

3. ¿Qué ruido escuchó el gato?

4. ¿Quién era la mujer?

5. ¿Por qué lloraba la mujer?

6. ¿Qué le dijo Sara al gato?

7. ¿Cómo se sintió Sara cuando se despertó?

8. ¿A dónde iba Sarah?

9. ¿Qué pensaba Sarah de Dartmoor?

Norfolk Broads

The Norfolk Broads are a **beautiful** place. They are full of life and color. The sky is so blue and the water is so clear. It's like a piece of **heaven** on earth. I remember the first time I went there. I was just a young girl, but I fell in love with it instantly. There's something about the peace and tranquility of the place that just makes you feel at ease. It's like **nothing** else matters when you're there. Since then, I've been back many times, and each time it feels like coming home. Even **though** I live far away from the Broads now, they will always have a special place in my heart. " I was heading to the **Broads** for my annual visit. I always go at the same time each year, and it's like a little piece of heaven on earth.

 The journey there is always so peaceful and **calming**, and I can't help but feel happy as I approach my destination. As soon as I arrive, I head straight to the water. There's something about being on the boat that makes me feel so free and alive. It's like all my worries just **disappeared** into thin air. I spend every day **exploring** different parts of the Broads, and each time it feels like a new adventure. Even though it's been years since my first visit, the place still feels just as magical to me. " It's been a tough year, and I really needed to get away from it all. So, I decided to head to the Broads for some much-needed rest and **relaxation**. As soon as I arrived, I could feel my **stress** melting away. The peace and tranquility of the place is like nothing else. I

Norfolk Broads

Los Norfolk Broads son un lugar **precioso**. Están llenos de vida y color. El cielo es tan azul y el agua tan clara. Es como un trozo de **cielo** en la tierra. Recuerdo la primera vez que fui allí. Era sólo una niña, pero me enamoré al instante. Hay algo en la paz y la tranquilidad del lugar que te hace sentir a gusto. Es como si nada más importara cuando estás allí. Desde entonces, he vuelto muchas veces, y cada vez me siento como en casa. **Aunque** ahora vivo lejos de los Broads, siempre tendrán un lugar especial en mi corazón. "Me dirigía a los **Broads** para mi visita anual. Siempre voy en la misma época cada año, y es como un pedacito de cielo en la tierra.

El viaje hasta allí es siempre tan tranquilo y **calmado,** y no puedo evitar sentirme feliz cuando me acerco a mi destino. En cuanto llego, me dirijo directamente al agua. Hay algo en el barco que me hace sentir libre y viva. Es como si todas mis preocupaciones se **desvanecieran** en el aire. Paso todos los días **explorando** diferentes partes de los Broads, y cada vez me parece una nueva aventura. Aunque han pasado años desde mi primera visita, el lugar sigue siendo igual de mágico para mí. "Ha sido un año muy duro y necesitaba alejarme de todo. Así que decidí ir a los Broads para disfrutar de un descanso y una **relajación** muy necesarios. En cuanto llegué, sentí que el **estrés se** esfumaba. La paz y la tranquilidad del lugar son incomparables. Pasé los días explorando diferentes partes de los Broads, y cada día era más relajante que

spent my days exploring different parts of the Broads, and each day was more relaxing than the last. I even got to go on a few boat rides, which were **absolutely** amazing.

There's **something** about being out on the water that just makes you feel so alive. " I'm so grateful to have found the Broads. It's like a little piece of heaven on earth that I can always **escape** to when life gets too tough. **Whenever** I'm there, I feel like all my worries just disappear and I can just relax and enjoy myself. It's become my happy place, and I look forward to my annual visits more than anything else. Each time I go, it feels like **coming** home. " The Broads will always have a **special** place in my heart. It's a place where I can go to escape the hustle and bustle of everyday life and just relax and enjoy myself. It's like a little piece of heaven on earth that I can always come back to. "

el anterior. Incluso pude dar algunos paseos en barco, que fueron **absolutamente** increíbles.

Hay **algo** en el agua que te hace sentir tan vivo. "Estoy muy agradecida por haber encontrado los Broads. Es como un pedacito de cielo en la tierra al que siempre puedo **escapar** cuando la vida se pone demasiado dura. **Cuando** estoy allí, siento que todas mis preocupaciones desaparecen y puedo relajarme y disfrutar. Se ha convertido en mi lugar feliz, y espero mis visitas anuales más que nada. Cada vez que voy, siento que **vuelvo a** casa. "Los Broads siempre tendrán un lugar **especial** en mi corazón. Es un lugar al que puedo ir para escapar del ajetreo de la vida cotidiana y simplemente relajarme y disfrutar. Es como un pedacito de cielo en la tierra al que siempre puedo volver". "

Comprehension Questions

1. What is the author's opinion of the Norfolk Broads?

2. What does the author remember about her first visit to the Norfolk Broads?

3. How does the author feel when she is on a boat in the Broads?

4. Why does the author keep going back to the Broads?

5. What does the author think of the Broads compared to other places?

6. What is the author's favorite thing to do in the Broads?

7. What does the author think of the journey to the Broads?

8. How does the author feel when she arrives in the Broads?

Preguntas de comprensión

1. ¿Cuál es la opinión del autor sobre los Norfolk Broads?

2. ¿Qué recuerda la autora de su primera visita a los Norfolk Broads?

3. ¿Cómo se siente la autora cuando está en un barco en los Broads?

4. ¿Por qué el autor vuelve una y otra vez a los Broads?

5. ¿Qué opina el autor de los Broads en comparación con otros lugares?

6. ¿Qué es lo que más le gusta hacer al autor en los Broads?

7. ¿Qué opina el autor del viaje a los Broads?

8. ¿Cómo se siente la autora cuando llega a los Broads?

The New Forest

The New Forest in England is a **beautiful** place. It's full of trees and wildlife. But there's something else that makes it special. The New Forest is home to a very rare creature, the Black Panther. Some say it's just a legend, but others know better. They've seen the Panther with their own eyes. No one knows where the Panther came from or how long it's been living in the forest. But one thing is for sure, it's not **afraid** to show itself to humans. In fact, some people believe that the Panther is actually trying to protect them from harm. One day, a group of **hikers** were walking through the New Forest when they came **across** something strange. There was a large black panther lying in the middle of the path. It didn't seem to be hurt, but it wasn't moving either. The hikers didn't know what to do.

They were scared that the Panther might attack them if they tried to move it. But they also knew that they couldn't just leave it there. After much **discussion**, the hikers decided to try and move the **Panther** off the path. They slowly approached it and started to gently push it with their hands. At first, nothing happened. But then, all of a sudden, the Panther awoke! The panther started to growl, and the hikers **quickly** ran away. They were **terrified** that it was going to attack them. But the Panthers didn't follow them. It just watched as they fled in terror. The hikers never saw the Panther again, but they always remembered that day in the New Forest. And they knew that there was something special about

El Nuevo Bosque

El New Forest, en Inglaterra, es un lugar **precioso**.
Está lleno de árboles y vida salvaje. Pero hay algo más
que lo hace especial. El New Forest es el hogar de una
criatura muy rara, la Pantera Negra. Algunos dicen que
es sólo una leyenda, pero otros saben más. Han visto a
la Pantera con sus propios ojos. Nadie sabe de dónde
viene la Pantera ni cuánto tiempo lleva viviendo en el
bosque. Pero una cosa es segura: no tiene **miedo de**
mostrarse a los humanos. De hecho, algunas personas
creen que la Pantera está tratando de protegerlos de
cualquier daño. Un día, un grupo de **excursionistas**
caminaba por el New Forest cuando se **encontró con**
algo extraño. Había una gran pantera negra tirada
en medio del camino. No parecía estar herida, pero
tampoco se movía. Los excursionistas no sabían qué
hacer.

Tenían miedo de que la Pantera les atacara si
intentaban moverla. Pero también sabían que no
podían dejarla allí. Después de muchas **discusiones**,
los excursionistas decidieron intentar apartar a la
pantera del camino. Se acercaron lentamente y
empezaron a empujarla suavemente con las manos.
Al principio, no pasó nada. Pero entonces, de repente,
¡la pantera se despertó! La pantera empezó a gruñir
y los excursionistas huyeron **rápidamente**. Estaban
aterrorizados de que fuera a atacarles. Pero la
Pantera no los siguió. Se limitó a observar cómo huían
aterrorizados. Los excursionistas no volvieron a ver

this place—and its rare resident, the Black Panther. The Black Panther is a beautiful creature. It's sleek and powerful, with bright green eyes. But it's also very mysterious.

 No one knows where it came from or why it chose to live in the New Forest. Some people believe that the **Panther** is actually trying to protect them from harm. One day, a group of hikers were walking through the forest when they came across something strange. There was a large black panther lying in the middle of the path. It didn't seem to be hurt, but it wasn't **moving** either. The hikers didn't know what to do. They were **scared** that the Panther might attack them if they tried to move it off the path. But they also knew that they couldn't just leave it there. After much **discussion**, they decided to try and move the Panther themselves. Slowly and carefully, they approached it and started to gently push it with their hands. At first, nothing happened. But then, all of a sudden, the **Panther** awoke! It started growling at them. The hikers were **terrified** that it was going to attack them. But the Panther didn't follow them. It just watched as they fled in terror. The hikers never saw the Panther again, but they always remembered that day in the New Forest. And they knew that there was something special about this place—and its rare resident, the Black Panther.

a la Pantera, pero siempre recordaron aquel día en el New Forest. Y sabían que había algo especial en ese lugar, y en su raro habitante, la Pantera Negra. La Pantera Negra es una hermosa criatura. Es elegante y poderosa, con ojos verdes brillantes. Pero también es muy misteriosa.

 Nadie sabe de dónde viene ni por qué ha elegido vivir en el New Forest. Algunas personas creen que la **pantera** está tratando de protegerlos de cualquier daño. Un día, un grupo de excursionistas caminaba por el bosque cuando se encontró con algo extraño. Había una gran pantera negra tirada en medio del camino. No parecía estar herida, pero tampoco **se movía**. Los excursionistas no sabían qué hacer. Tenían **miedo** de que la pantera les atacara si intentaban apartarla del camino. Pero también sabían que no podían dejarla allí. Después de muchas **discusiones**, decidieron intentar mover la pantera ellos mismos. Lentamente y con cuidado, se acercaron a ella y empezaron a empujarla suavemente con las manos. Al principio, no ocurrió nada. Pero, de repente, la **pantera** se despertó. Empezó a gruñirles. Los excursionistas estaban **aterrorizados** de que fuera a atacarles. Pero la pantera no los siguió. Se limitó a observar cómo huían aterrorizados. Los excursionistas no volvieron a ver a la pantera, pero siempre recordaron aquel día en el New Forest. Y sabían que había algo especial en ese lugar, y en su raro habitante, la Pantera Negra.

Comprehension Questions

1. What is the New Forest in England known for?

2. How long has the Black Panther been living in the New Forest?

3. What did the group of hikers do when they came across the Panther?

4. Why did the hikers decide to try and move the Panther?

5. What happened when the Panther woke up?

6. Did the Panther attack the hikers?

7. Where did the hikers go after the encounter with the Panther?

8. What did the hikers think of the Panther?

9. What do people believe the Panther is trying to do?

Preguntas de comprensión

1. ¿Por qué es conocido el New Forest en Inglaterra?

2. ¿Cuánto tiempo lleva la Pantera Negra viviendo en el New Forest?

3. ¿Qué hizo el grupo de excursionistas cuando se encontró con la Pantera?

4. ¿Por qué los excursionistas decidieron intentar mover la Pantera?

5. ¿Qué pasó cuando la Pantera se despertó?

6. ¿Atacó la Pantera a los excursionistas?

7. ¿Dónde fueron los excursionistas después del encuentro con la Pantera?

8. ¿Qué piensan los excursionistas de la Pantera?

9. ¿Qué cree la gente que intenta hacer la Pantera?

Stone henge

The sun was setting on a cool autumn evening, and the last light of day shone upon the ancient stones of Stonehenge. For centuries, people have gazed upon this mysterious structure, wondering about its purpose and how it came to be. Some say that it is a temple built by **Druids**; others believe that it is a burial ground for fallen warriors. No one knows for sure. But on this night, as the shadows lengthened and the stars began to appear in the sky, something strange happened at **Stonehenge**. A soft glow appeared around the base of one of the largest stones, and then spread **outward** until the entire structure was illuminated with a gentle light. A sound like music began to fill the air, although there were no **instruments** to be seen anywhere near Stonehenge. The music seemed to come from within the stone itself, as if it were somehow alive.

As those gathered around watched in **wonderment**, they saw figures emerging from within some of the stones—men and women dressed in long robes with hoods pulled up over their heads so that their faces could not be seen clearly. Slowly, they made their way towards an altarstone, in front of which stood a man wearing a crown adorned with symbols that glittered in the moonlight. He raised his arms towards **heaven** and spoke words that no one could **understand**. Then he knelt down before the altarstone and bowed his head. More figures emerged from other stones as he did so, including deer, badgers, foxes, hares, and

Henge de piedra

El sol se ponía en una fresca tarde de otoño y la última luz del día brillaba sobre las antiguas piedras de Stonehenge. Durante siglos, la gente ha contemplado esta misteriosa estructura, preguntándose por su propósito y cómo llegó a existir. Algunos dicen que es un templo construido por **los druidas**; otros creen que es un cementerio para los guerreros caídos. Nadie lo sabe con certeza. Pero esa noche, cuando las sombras se alargaron y las estrellas empezaron a aparecer en el cielo, algo extraño ocurrió en **Stonehenge**. Un suave resplandor apareció alrededor de la base de una de las piedras más grandes, y luego se extendió **hacia afuera** hasta que toda la estructura se iluminó con una luz suave. Un sonido parecido al de la música comenzó a llenar el aire, aunque no se veían **instrumentos** cerca de Stonehenge. La música parecía provenir del interior de la propia piedra, como si estuviera viva.

Mientras los reunidos observaban **asombrados**, vieron salir del interior de algunas de las piedras figuras, hombres y mujeres vestidos con largas túnicas y capuchas que les impedían ver claramente sus rostros. Lentamente, se dirigieron hacia una piedra de altar, frente a la cual se encontraba un hombre con una corona adornada con símbolos que brillaban a la luz de la luna. Levantó los brazos hacia **el cielo** y pronunció palabras que nadie podía **entender**. Luego se arrodilló ante la piedra del altar e inclinó la cabeza. De otras piedras surgieron más figuras, como ciervos,

other creatures large and small. They too went to kneel before the altar stone. For several **minutes**, nothing happened. Then **suddenly**, flames appeared atop the stone, leaping into the air and casting an eerie light over everything.

In front of these flickering flames stood a woman clad in white robes trimmed with gold. She held a lantern in her hand from which poured forth a golden light that filled all of Stronghenge with **warmth** and radiance. After awhile, she's polite: "Welcome my children, both human and animal alike." This sacred place has been chosen as our meeting point because it stands at the midpoint between earth and sky. It is here that we can commune with each other regardless of **distance** or time. As the woman spoke, those **gathered** around her began to feel a sense of peace and calm settle over them. It was as if they were being enveloped in a warm embrace. The animals seemed to understand her words as well, and they all sat down quietly, listening intently. "For too long," she continued, "humans have thought of themselves as superior to other **creatures**. But we are all equal in the eyes of the **Creator**. We are all part of nature, and we must learn to respect and care for each other if we want to create a world that is harmonious and peaceful. " The woman's words resonated with everyone present, and they felt their hearts opening up to the possibility of true **understanding** between humans and animals.

tejones, zorros, liebres y otras criaturas grandes y pequeñas. También ellos fueron a arrodillarse ante la piedra del altar. Durante varios **minutos** no ocurrió nada. Entonces, **de repente**, aparecieron llamas sobre la piedra, saltando en el aire y arrojando una luz espeluznante sobre todo.

Delante de estas llamas parpadeantes había una mujer vestida con ropas blancas adornadas con oro. Llevaba un farol en la mano del que emanaba una luz dorada que llenaba todo Stronghenge de **calidez** y resplandor. Al cabo de un rato, se mostró cortés: "Bienvenidos, hijos míos, tanto humanos como animales". Este lugar sagrado ha sido elegido como nuestro punto de encuentro porque se encuentra en el punto medio entre la tierra y el cielo. Es aquí donde podemos estar en comunión unos con otros sin importar la **distancia** o el tiempo. Mientras la mujer hablaba, los **reunidos** a su alrededor empezaron a sentir una sensación de paz y calma. Era como si los envolviera un cálido abrazo. Los animales parecieron entender también sus palabras y todos se sentaron en silencio, escuchando atentamente. "Durante demasiado tiempo", continuó, "los humanos se han considerado superiores a otras **criaturas**. Pero todos somos iguales a los ojos del **Creador**. Todos formamos parte de la naturaleza y debemos aprender a respetarnos y cuidarnos mutuamente si queremos crear un mundo armonioso y pacífico". "Las palabras de la mujer resonaron en todos los presentes y sintieron que sus corazones se abrían a la posibilidad de un verdadero **entendimiento** entre los humanos y los animales.

Comprehension Questions

1. What is the purpose of Stonehenge?

2. Who built Stonehenge?

3. What do people believe Stonehenge is?

4. What happened at Stonehenge on the night described in the text?

5. What did the figures that emerged from the stones do?

6. Who was the woman in white robes?

7. What did the woman in white robes say?

8. How did the people present feel after the woman spoke?

9. What did the animals do during the woman's speech?

Preguntas de comprensión

1. ¿Cuál es la finalidad de Stonehenge?

2. ¿Quién construyó Stonehenge?

3. ¿Qué cree la gente que es Stonehenge?

4. ¿Qué ocurrió en Stonehenge la noche descrita en el texto?

5. ¿Qué hicieron las figuras que salieron de las piedras?

6. ¿Quién era la mujer de la túnica blanca?

7. ¿Qué dijo la mujer de la túnica blanca?

8. ¿Cómo se sintieron los presentes después de que la mujer hablara?

9. ¿Qué hicieron los animales durante el discurso de la mujer?

The Old Inn

The old inn was a **popular** stop for weary travelers. It was said that the food was delicious and the beds were comfortable. The innkeeper, Mrs. Saunders, was a kind woman who always had a smile for her guests. One cold **winter** night, a group of **travelers** arrived at the old inn **seeking** shelter from the storm. They were welcomed by Mrs. Saunders and given warm blankets and hot soup to chase away the chill. As they sat around the fire, sharing stories and laughter, they felt right at home. It wasn't long before they all retired to their **rooms** for the night. But as one traveler tried to open his door, he found it wouldn't budge. He called out to Mrs. Saunders, but there was no **answer**; she must have already gone to bed herself. He shook the door handle again, but still it wouldn't move. Just then, he heard **footsteps** in the hallway and someone fumbling with keys.

Mrs. Saunders came hurrying over, **apologizing** profusely. She explained that she had accidentally locked him in! After assuring him that it happened more often than she cared to admit, she finally got the door open. The traveler went into his room with a feeling of relief; he would **definitely** be getting a good night's sleep tonight! The next morning, the travelers woke to the smell of breakfast cooking. They went **downstairs** to find Mrs. Saunders busy in the kitchen. She **apologized** for not being able to join them for breakfast but said she would be happy to serve them. The table was piled high with **pancakes**, bacon, eggs, and toast.

La Vieja Posada

La antigua posada era una parada **popular** para
los viajeros cansados. Se decía que la comida era
deliciosa y las camas cómodas. La posadera, la señora
Saunders, era una mujer amable que siempre tenía
una sonrisa para sus huéspedes. Una fría noche de
invierno, un grupo de **viajeros** llegó a la vieja posada
buscando refugio de la tormenta. La Sra. Saunders
los recibió y les dio mantas calientes y sopa para
ahuyentar el frío. Sentados alrededor del fuego,
compartiendo historias y risas, se sintieron como en
casa. No tardaron en retirarse a sus **habitaciones** para
pasar la noche. Pero cuando uno de los viajeros trató
de abrir su puerta, descubrió que no cedía. Llamó a la
Sra. Saunders, pero no hubo **respuesta**; seguramente
ya se había ido a la cama. Volvió a sacudir el pomo de
la puerta, pero seguía sin moverse. En ese momento,
oyó **pasos** en el pasillo y a alguien tanteando las llaves.

La Sra. Saunders se acercó a toda prisa,
disculpándose profusamente. Le explicó que lo
había dejado encerrado accidentalmente. Después de
asegurarle que eso ocurría más a menudo de lo que
ella quería admitir, finalmente consiguió abrir la puerta.
El viajero entró en su habitación con una sensación
de alivio; ¡**seguro que** esta noche dormiría bien!
A la mañana siguiente, los viajeros se despertaron
con el olor del desayuno. **Bajaron las escaleras** y
encontraron a la señora Saunders ocupada en la
cocina. **Se disculpó** por no poder acompañarles en el

Everyone dug in with gusto, enjoying the delicious food. As they were finishing up their meal, there was a knock at the door. Mrs. Saunders went to answer it and came back into the **dining** room, followed by a handsome young man. She introduced him as her son, Luke. He had come to help her with some chores around the inn.

After Luke had gone out back to start **chopping** wood, Mrs. Saunders confided in her guests that she was **getting** too old to run the inn by herself and was glad her son had agreed to help her out. Later that day, as they were preparing to leave, the travelers thanked Mrs. Saunders for her hospitality. They **promised** to spread word of the old inn far and wide so that others could enjoy its comfort and warmth. As the years went by, Mrs. Saunders continued to run the old inn with the help of her son, Luke. It **remained** a popular stop for travelers from all over. Many people came and went, but there was always one group of guests who stayed in the same room each time they visited. One day, Mrs. Saunders was **cleaning** that room when she found an old key hidden under the mattress.

 She **wondered** what it could be for but couldn't **imagine** what it would be for. Just then, Luke came into the room and told her he had been looking for that key; it opened the door to their **grandmother's** house! He said he had been meaning to give it back to her but had forgotten all about it. family around her, she would always be happy.

desayuno, pero dijo que estaría encantada de servirles. La mesa estaba repleta de **tortitas**, bacon, huevos y tostadas. Todos comieron con gusto, disfrutando de la deliciosa comida. Mientras terminaban de comer, llamaron a la puerta. La Sra. Saunders fue a contestar y volvió al **comedor**, seguida de un apuesto joven. Lo presentó como su hijo, Luke. Había venido a ayudarla con algunas tareas en la posada.

Después de que Luke saliera a **cortar** leña, la señora Saunders confió a sus huéspedes que se **estaba haciendo** demasiado vieja para llevar la posada ella sola y que se alegraba de que su hijo hubiera aceptado ayudarla. Ese mismo día, cuando se preparaban para partir, los viajeros agradecieron a la señora Saunders su hospitalidad. **Prometieron** dar a conocer la vieja posada a lo largo y ancho para que otros pudieran disfrutar de su comodidad y calidez. Con el paso de los años, la Sra. Saunders siguió dirigiendo la vieja posada con la ayuda de su hijo, Luke. **Seguía** siendo una parada popular para los viajeros de todas partes. Mucha gente iba y venía, pero siempre había un grupo de huéspedes que se quedaba en la misma habitación cada vez que la visitaban. Un día, la señora Saunders estaba **limpiando** esa habitación cuando encontró una vieja llave escondida bajo el colchón.

Se preguntó para qué podría ser, pero no pudo **imaginar** para qué serviría. En ese momento, Luke entró en la habitación y le dijo que había estado buscando esa llave; ¡abría la puerta de la casa de su **abuela**! Dijo que había querido devolvérsela pero que se había olvidado de ella.

Comprehension Questions

1. What did the old inn provide for weary travelers?

2. Who was the innkeeper of the old inn?

3. What did the group of travelers do when they arrived at the old inn on the cold winter night?

4. What did the traveler find when he tried to open his door to go to bed?

5. Who came to the old inn the next morning?

6. What did Mrs. Saunders confide in her guests?

7. What did the group of travelers do before they left the old inn?

8. How did Mrs. Saunders feel when she found the old key hidden under the mattress in the room?

Preguntas de comprensión

1. ¿Qué ofrecía la antigua posada a los viajeros cansados?

2. ¿Quién era el posadero de la antigua posada?

3. ¿Qué hizo el grupo de viajeros cuando llegó a la vieja posada en la fría noche de invierno?

4. ¿Qué encontró el viajero cuando intentó abrir su puerta para ir a la cama?

5. ¿Quién vino a la vieja posada a la mañana siguiente?

6. ¿Qué confió la Sra. Saunders a sus invitados?

7. ¿Qué hizo el grupo de viajeros antes de abandonar la vieja posada?

8. ¿Cómo se sintió la señora Saunders cuando encontró la vieja llave escondida bajo el colchón de la habitación?

The Witch's Cottage

The cottage was small and unassuming, tucked away in the woods at the edge of town. It was said that a witch lived there, and **children** were warned to stay away. But one day, a curious little girl named Sarah decided to venture into the woods to see the witch's cottage for herself. Sarah **knocked** on the door, and an old woman **answered**. She had a kind face, but her eyes were piercing. "Can I help you?" she asked Sarah. "I just wanted to see your cottage," replied Sarah shyly. "They say you're a witch." The woman chuckled softly. "That's what they say about me, yes." She stepped aside and gestured for Sarah to come inside. The cottage was dark and musty, but not at all what Sarah had expected. There were no **bubbling** cauldrons or magical **creatures** lurking in the shadows.

Instead, it just looked like a **normal** house. The witch offered Sarah a seat by the fire and began to tell her stories of her life. She told of growing up in the woods, learning magic from her mother, and eventually becoming a witch herself. Sarah listened eagerly to the witch's stories, **entranced** by her words. She didn't want to leave when it **started** to get late, but she knew she had to go home before her parents started worrying about her. "Thank you for letting me visit your cottage," she said as she stood up to leave."It was very kind of you." As Sarah **walked** back through the woods towards town, she couldn't help but feel excited about what she had just experienced. She knew that she would never forget the time spent with the kindly old witch

La cabaña de la bruja

La cabaña era pequeña y discreta, y estaba escondida en el bosque, a las afueras del pueblo. Se decía que allí vivía una bruja y se advertía a **los niños** que se mantuvieran alejados. Pero un día, una niña curiosa llamada Sarah decidió aventurarse en el bosque para ver la cabaña de la bruja por sí misma. Sarah **llamó** a la puerta y una anciana **respondió**. Tenía un rostro amable, pero sus ojos eran penetrantes. "¿Puedo ayudarla?", le preguntó a Sarah. "Sólo quería ver su casa", respondió Sarah tímidamente. "Dicen que eres una bruja". La mujer se rió suavemente. "Eso es lo que dicen de mí, sí". Se hizo a un lado y le indicó a Sarah que entrara. La cabaña era oscura y mohosa, pero no era en absoluto lo que Sarah esperaba. No había calderos **burbujeantes** ni **criaturas mág**icas acechando en las sombras.

En cambio, parecía una casa **normal**. La bruja le ofreció a Sarah un asiento junto al fuego y comenzó a contarle historias de su vida. Le contó que había crecido en el bosque, que había aprendido magia de su madre y que finalmente se había convertido en bruja. Sarah escuchó con entusiasmo las historias de la bruja, **fascinada** por sus palabras. No quería marcharse cuando se **hizo** tarde, pero sabía que tenía que volver a casa antes de que sus padres empezaran a preocuparse por ella. "Gracias por dejarme visitar tu casa", dijo mientras se levantaba para irse. "Ha sido muy amable". Mientras Sarah **caminaba** por el bosque

in her cottage deep in the woods. Sarah continued to visit the witch **regularly**, and she soon became like a **grandmother** to her. She would sit by the fire and listen to stories of magic and adventure, feeling happy and safe in the warmth of the cottage. As Sarah grew older, she started to help the witch with her work.

She would gather herbs from the **woods** and help brew potions. It was always fun for her, even though she knew it wasn't really "real" magic. One day, when Sarah was helping the witch prepare for a festival in town, she asked if she could go along. The witch **hesitated** at first, but then agreed. The festival was lively and **colorful**, with people milling about in **costumes** and masks. Sarah felt a little out of place in her plain clothes, but no one seemed to mind. As they walked through the crowd, the witch suddenly stopped and grabbed Sarah's arm. "What is it?" Sarah asked, following her gaze. She saw a man in a black cloak walking towards them, his face hidden by a hood. The witch tightened her grip on Sarah's arm and pulled her away quickly. They ducked into an alleyway and waited until the man had passed before **emerging** again. "Who was that?" Sarah asked **breathlessly**."He gives me the creeps," replied the witch."I don't know who he is, but I don't like him hanging around here."

hacia el pueblo, no podía evitar sentirse emocionada por lo que acababa de vivir. Sabía que nunca olvidaría el tiempo que había pasado con la bondadosa bruja en su cabaña en lo profundo del bosque. Sarah continuó visitando a la bruja **con regularidad,** y pronto se convirtió en una **abuela** para ella. Se sentaba junto al fuego y escuchaba historias de magia y aventuras, sintiéndose feliz y segura en el calor de la cabaña. Cuando Sarah creció, empezó a ayudar a la bruja en su trabajo.

Recogía hierbas del **bosque** y ayudaba a preparar pociones. Siempre le resultaba divertido, aunque sabía que no era magia "real". Un día, cuando Sarah estaba ayudando a la bruja a preparar un festival en el pueblo, le preguntó si podía acompañarla. La bruja **dudó al** principio, pero luego aceptó. La fiesta era animada y **colorida**, con gente que se arremolinaba con **disfraces** y máscaras. Sarah se sentía un poco fuera de lugar con su ropa sencilla, pero a nadie parecía importarle. Mientras caminaban entre la multitud, la bruja se detuvo de repente y agarró a Sarah del brazo. "¿Qué pasa?", preguntó Sarah, siguiendo su mirada. preguntó Sarah, siguiendo su mirada. Vio a un hombre con una capa negra que caminaba hacia ellas, con el rostro oculto por una capucha. La bruja apretó el brazo de Sarah y la apartó rápidamente. Se metieron en un callejón y esperaron a que el hombre pasara antes de **salir de** nuevo. "¿Quién era ese?" Sarah preguntó **sin aliento:** "Me da escalofríos", respondió la bruja, "no sé quién es, pero no me gusta que ande por aquí".

Comprehension Questions

1. What does Sarah do when she first hears about the witch?

2. What does the witch's cottage look like on the inside?

3. What does Sarah do as she gets older?

4. What happens at the festival?

5. Who is the man in the black cloak?

6. What does the witch say about him?

7. Where does Sarah live?

8. How does Sarah feel about the witch?

Preguntas de comprensión

1. ¿Qué hace Sara cuando oye hablar por primera vez de la bruja?

2. ¿Cómo es la cabaña de la bruja por dentro?

3. ¿Qué hace Sarah cuando se hace mayor?

4. ¿Qué ocurre en el festival?

5. ¿Quién es el hombre de la capa negra?

6. ¿Qué dice la bruja sobre él?

7. ¿Dónde vive Sarah?

8. ¿Qué opina Sara de la bruja?

The Hidden Village

The hidden village was a secret place, known only to a few. It was a place of magic and mystery, where the **impossible** seemed possible. No one knew how the village had come to be, but it was said that it had been created by a powerful wizard. The wizard had used his magic to create an invisible barrier around the village, making it impossible for anyone to find them unless they were **invited**. The villagers were a **friendly** bunch, always willing to help those in need. They were also very protective of their home and would do **anything** to keep outsiders from discovering their secret. One day, a young woman named Sarah stumbled upon the **hidden** village by **accident**. She had been out for a walk in the woods when she suddenly found herself in front of an invisible barrier.

She was about to turn back when she heard someone calling her name. It was a voice she recognized **instantly** as belonging to her childhood friend, John. He had disappeared years ago and was presumed dead. But there he was, alive and well and living in the hidden village! Sarah quickly learned that the **villagers** were very **welcoming** and soon made many friends among them. She also discovered that they possessed magical powers, which they used to help those in need. The more time she spent in the village, the more convinced she became that this was where she belonged. And so, with John's help, Sarah decided to stay permanently in the hidden village and become one of its protectors. As the years **passed**, Sarah became a **powerful** witch

El pueblo escondido

La aldea oculta era un lugar secreto, conocido sólo por unos pocos. Era un lugar de magia y misterio, donde lo **imposible** parecía posible. Nadie sabía cómo había surgido la aldea, pero se decía que había sido creada por un poderoso mago. El mago había utilizado su magia para crear una barrera invisible alrededor de la aldea, haciendo imposible que nadie los encontrara a menos que fueran **invitados**. Los aldeanos eran un grupo **amistoso**, siempre dispuesto a ayudar a los necesitados. También eran muy protectores de su hogar y harían **cualquier cosa** para evitar que los forasteros descubrieran su secreto. Un día, una joven llamada Sarah se topó con la aldea **oculta** por **accidente**. Había salido a dar un paseo por el bosque cuando, de repente, se encontró frente a una barrera invisible.

Estaba a punto de volverse cuando oyó que alguien la llamaba por su nombre. Era una voz que reconoció al **instante** como la de su amigo de la infancia, John. Había desaparecido hace años y se le daba por muerto. Pero allí estaba, vivito y coleando y viviendo en el pueblo escondido. Sarah aprendió rápidamente que los **aldeanos** eran muy **acogedores** y pronto hizo muchos amigos entre ellos. También descubrió que poseían poderes mágicos, que utilizaban para ayudar a los necesitados. Cuanto más tiempo pasaba en la aldea, más convencida estaba de que ese era su lugar. Y así, con la ayuda de John, Sarah decidió quedarse

herself. She used her magic to help the villagers and keep outsiders from discovering their secret. She also took John on as her apprentice, teaching him everything she knew about magic.

Together, they kept the hidden village safe and protected from harm. And they lived happily ever after! One day, Sarah was out walking in the woods near the **hidden** village when she heard a **strange** noise. It sounded like someone was crying. She followed the sound until she came to a clearing and saw a young girl sitting on the ground, sobbing her heart out. Sarah approached her cautiously and asked what was **wrong**. The girl, who introduced herself as Lily, explained that she had been playing with her friends in the forest when they suddenly **disappeared**. She didn't know how to find them and was scared that something bad had happened to them. Sarah assured Lily that she would help her find her friends. Together, they walked back to the **hidden** village, where Sarah used her magic to locate Lily's friends. It turned out they were all safe and sound and just **needed** some help getting back home!

permanentemente en la aldea oculta y convertirse en una de sus protectoras. Con el **paso de los** años, Sarah se convirtió en una **poderosa** bruja. Utilizó su magia para ayudar a los aldeanos y evitar que los forasteros descubrieran su secreto. También aceptó a John como aprendiz, enseñándole todo lo que sabía sobre la magia.

Juntos, mantuvieron la aldea oculta a salvo y protegida de cualquier daño. Y vivieron felices para siempre. Un día, Sarah estaba paseando por el bosque cerca de la aldea **oculta** cuando oyó un ruido **extraño**. Parecía que alguien estaba llorando. Siguió el sonido hasta que llegó a un claro y vio a una joven sentada en el suelo, llorando desconsoladamente. Sarah se acercó a ella con cautela y le preguntó qué le **pasaba**. La niña, que se presentó como Lily, le explicó que había estado jugando con sus amigos en el bosque cuando éstos **desaparecieron de** repente. No sabía cómo encontrarlos y tenía miedo de que les hubiera pasado algo malo. Sarah le aseguró a Lily que la ayudaría a encontrar a sus amigos. Juntas, volvieron a la aldea **escondida**, donde Sarah utilizó su magia para localizar a las amigas de Lily. Resultó que todos estaban sanos y salvos y que sólo **necesitaban** ayuda para volver a casa.

Comprehension Questions

1. What was the hidden village?

2. How did Sarah find the hidden village?

3. What did Sarah do when she found Lily in the woods?

4. What was the problem Lily was having?

5. How did Sarah help Lily?

6. What did Sarah do after she helped Lily?

7. What was the village said to be created by?

8. How did the wizard make the village hidden?

9. What did Sarah become to the village?

Preguntas de comprensión

1. ¿Qué era la aldea oculta?

2. ¿Cómo encontró Sara la aldea escondida?

3. ¿Qué hizo Sarah cuando encontró a Lily en el bosque?

4. ¿Cuál era el problema que tenía Lily?

5. ¿Cómo ayudó Sarah a Lily?

6. ¿Qué hizo Sarah después de ayudar a Lily?

7. ¿Por qué se dice que el pueblo fue creado?

8. ¿Cómo hizo el mago para ocultar el pueblo?

9. ¿En qué se convirtió Sara para el pueblo?

The lonely lighthouse

The lonely lighthouse stood on the edge of the cliff, overlooking the sea. It had been there for many years, and it was said that it was haunted by the ghost of a sailor who had died in a shipwreck. Some **people** said that they had seen his ghost walking around inside the lighthouse, and others said that they had heard **strange** noises **coming** from inside it. But no one knew for sure if there really was a ghost or not. One night, a storm blew up and waves crashed against the rocks below the lighthouse. The wind howled through its windows and doors, and everyone who lived nearby thought that surely this would be the night when the old lighthouse would finally **collapse** into pieces and be swept away by the sea. But somehow, miraculously, the lighthouse survived intact.

And when **morning** came, those who looked out to see it standing tall and **proud** as ever could have sworn that they saw a figure in nautical clothing waving to them from one of its windows. The lonely lighthouse had been standing on the edge of the cliff for many years, and it was said to be haunted by the ghost of a sailor who had died in a shipwreck. Some people **claimed** to have seen his ghost **walking** around inside the lighthouse, while others said they had heard strange noises coming from within its walls. But no one knew for sure if there really was a ghost or not. One night, during

El faro solitario

El solitario faro se encontraba al borde del acantilado, con vistas al mar. Llevaba muchos años allí, y se decía que estaba embrujado por el fantasma de un marinero que había muerto en un naufragio. Algunas **personas decían** haber visto su fantasma caminando por el interior del faro, y otras decían haber oído ruidos **extraños** procedentes de su interior. Pero nadie sabía con certeza si realmente había un fantasma o no. Una noche, se desató una tormenta y las olas chocaron contra las rocas debajo del faro. El viento aullaba a través de sus ventanas y puertas, y todos los que vivían cerca pensaron que seguramente esa sería la noche en que el viejo faro **se derrumbaría** en pedazos y sería arrastrado por el mar. Pero de alguna manera, milagrosamente, el faro sobrevivió intacto.

Y cuando llegó **la mañana**, los que se asomaron para verlo más alto y **orgulloso** que nunca pudieron jurar que vieron una figura con ropa náutica que les saludaba desde una de sus ventanas. El solitario faro llevaba muchos años en el borde del acantilado, y se decía que estaba embrujado por el fantasma de un marinero que había muerto en un naufragio. Algunas personas **afirmaban** haber visto su fantasma **caminando** por el interior del faro, mientras que otras decían haber oído extraños ruidos procedentes de sus paredes. Pero nadie sabía con certeza si realmente había un fantasma o no. Una noche, durante una fuerte tormenta, las olas chocaron contra las rocas bajo el faro

a fierce storm, waves crashed against the rocks below the lighthouse, and wind howled through its **windows** and doors. Everyone who lived nearby thought that surely this would be the night when the old lighthouse would finally collapse into pieces and be swept away by the sea. But miraculously, the lighthouse **survived** intact. And when morning came, those who looked out to see it standing tall and proud as ever could have sworn they saw a figure in nautical clothing waving to them from one window. The lonely **lighthouse** had been standing on the edge of the cliff for many years, and it was said to be haunted by the ghost of a sailor who had died in a shipwreck.

Some people **claimed** to have seen his **ghost** walking around inside the lighthouse, while others said they had heard strange noises coming from within its walls. But no one knew for sure if there really was a ghost or not. One night, during a fierce storm, waves crashed against rocks below the lighthouse and wind howled through its windows and doors. **Everyone** who lived nearby thought that surely this would be the night when the old lighthouse would finally collapse into pieces and be swept away by the sea. But **miraculously**, the lighthouse survived intact. When morning came, those who looked out the window to see it **standing** tall and proud as ever could have sworn they saw a figure in nautical attire waving to them from one wind.

y el viento aulló a través de sus **ventanas** y puertas. Todos los que vivían cerca pensaron que seguramente esa sería la noche en que el viejo faro se derrumbaría en pedazos y sería arrastrado por el mar. Pero, milagrosamente, el faro **sobrevivió** intacto. Y cuando llegó la mañana, los que se asomaron para verlo más alto y orgulloso que nunca juraron haber visto una figura con ropa náutica que les saludaba desde una ventana. El solitario **faro** llevaba muchos años en el borde del acantilado, y se decía que estaba embrujado por el fantasma de un marinero que había muerto en un naufragio.

Algunas personas **afirmaban** haber visto su **fantasma paseando** por el interior del faro, mientras que otras decían haber oído extraños ruidos procedentes de sus paredes. Pero nadie sabía con certeza si realmente había un fantasma o no. Una noche, durante una fuerte tormenta, las olas chocaron contra las rocas bajo el faro y el viento aulló a través de sus ventanas y puertas. **Todos los** que vivían cerca pensaron que seguramente esa sería la noche en que el viejo faro se derrumbaría en pedazos y sería arrastrado por el mar. Pero, **milagrosamente**, el faro sobrevivió intacto. Cuando llegó la mañana, los que se asomaron a la ventana para verlo más alto y orgulloso que nunca juraron haber visto una figura con atuendo náutico que les saludaba desde un viento.

Comprehension Questions

1. What was the lighthouse said to be haunted by?

2. How long had the lighthouse been standing on the edge of the cliff?

3. What did people say they had seen and heard coming from the lighthouse?

4. One night during a storm, what did everyone who lived nearby think would happen to the lighthouse?

5. Why were they surprised to see the lighthouse standing tall and proud the next morning?

6. What do you think the figure in nautical clothing was doing in the window of the lighthouse?

7. Do you think the lighthouse is really haunted? Why or why not?

8. What do you think the figure in the window was trying to tell the people who saw it?

Preguntas de comprensión

1. ¿De qué se dice que está embrujado el faro?

2. ¿Cuánto tiempo llevaba el faro al borde del acantilado?

3. ¿Qué decía la gente que había visto y oído procedente del faro?

4. Una noche, durante una tormenta, ¿qué pensaron todos los que vivían cerca que le pasaría al faro?

5. ¿Por qué se sorprendieron al ver el faro erguido y orgulloso a la mañana siguiente?

6. ¿Qué crees que hacía la figura con ropa náutica en la ventana del faro?

7. ¿Crees que el faro está realmente embrujado? ¿Por qué o por qué no?

8. ¿Qué crees que intentaba decir la figura de la ventana a las personas que la vieron?

At the beach

After sunrise, the waves are louder and the sand above the tide is white. I walk down to the beach, **admiring** the sea and the sun. My toes feel the grooves of shells. The sand is cold on my toes. I smile and keep going. The tide is high, so I have to be careful not to get pulled in. I walk along the water's edge, admiring the sea. The sunrise is **beautiful**, and the waves are crashing. I feel so peaceful. I come to a spot where there is a rock outcropping. I sit down and watch the waves. The water is so blue and the sky is so **orange**. I feel like I'm in a dream. I close my eyes and just listen to the waves. I sat there for a long time, until I heard someone calling my name.

I open my eyes and see my mom walking towards me. She has a worried look on her face. I smile and wave, and she **relaxes**. "I was wondering where you went," she says. "I'm glad you're enjoying the beach." I reply, "I am." "It's so beautiful here." "I know," she says. "I used to come here all the time when I was your age." "Really?" I ask. "Yeah," she replies. "It's a special place.""Did you ever meet anyone special here?" I ask. "I did," she replies with a smile. "Your father." "Really?" I say, **surprised**. "Yes," she says. "We used to come here all the time together. It's where we fell in love. " I smile, **imagining** my parents falling in love on this beautiful beach. "It's a special place," she repeats. "I'm glad you came here today."

We sit there for a while longer, **watching** the waves and

En la playa

Después del amanecer, las olas son más fuertes y la arena sobre la marea es blanca. Bajo a la playa, **admirando** el mar y el sol. Mis dedos sienten los surcos de las conchas. La arena está fría en mis dedos. Sonrío y sigo adelante. La marea está alta, así que tengo que tener cuidado para que no me arrastre. Camino por la orilla del agua, admirando el mar. El amanecer es **precioso** y las olas rompen. Me siento muy tranquila. Llego a un lugar donde hay un afloramiento de roca. Me siento y observo las olas. El agua es tan azul y el cielo tan **naranja**. Me siento como en un sueño. Cierro los ojos y sólo escucho las olas. Me siento allí durante mucho tiempo, hasta que oigo que alguien me llama por mi nombre.

Abro los ojos y veo a mi madre caminando hacia mí. Tiene una mirada de preocupación. Sonrío y la saludo con la mano, y se **relaja**. "Me preguntaba adónde habías ido", dice. "Me alegro de que estés disfrutando de la playa". Le respondo: "Sí". "Esto es muy bonito". "Lo sé", dice ella. "Yo solía venir aquí todo el tiempo cuando tenía tu edad". "¿De verdad?" Pregunto. "Sí", responde. "Es un lugar especial". "¿Has conocido a alguien especial aquí?" le pregunto. "Sí", responde con una sonrisa. "A tu padre". "¿De verdad?" Digo, **sorprendido**. "Sí", dice ella. "Solíamos venir aquí siempre juntos. Es donde nos enamoramos". "Sonrío, **imaginando a** mis padres enamorándose en esta hermosa playa. "Es un lugar especial", repite. "Me

the sunset. Then we get up and walk back to our beach towels. I lie down and look at the stars. I feel so happy and content. The waves are louder now, and the sand is cold. The sun is setting and a cool breeze is blowing. The waves are crashing against the shore, and the smell of salt is in the air. It is a perfect evening to be at the beach.

I am walking along the shore, **listening** to the sound of the waves and watching the sunset. I see a group of people sitting on the sand, laughing and joking around. They look like they are having a great time. I walk over to them and ask if I can join them. They say yes, and we spend the rest of the evening talking, laughing, and watching the **sunset**. It is a perfect evening. The group and I talk until the sun sets. We share stories and jokes, and we all have a great time. As the night starts to fall, we all start to feel tired. We kiss each other **goodbye** and part ways. I walk back to my hotel, feeling happy and content. I can't believe how lovely it is here. I'm so lucky to have **experienced** it.

alegro de que hayas venido hoy".

Nos quedamos sentados un rato más, **mirando** las olas y la puesta de sol. Luego nos levantamos y volvemos a nuestras toallas de playa. Me tumbo y miro las estrellas. Me siento muy feliz y contenta. Las olas son más fuertes y la arena está fría. El sol se pone y sopla una brisa fresca. Las olas chocan contra la orilla y el aire huele a sal. Es una tarde perfecta para estar en la playa. Estoy caminando por la orilla, **escuchando el** sonido de las olas y viendo la puesta de sol. Veo a un grupo de personas sentadas en la arena, riendo y bromeando. Parece que se lo están pasando muy bien. Me acerco a ellos y les pregunto si puedo unirme a ellos. Me dicen que sí y pasamos el resto de la tarde hablando, riendo y viendo la **puesta de sol**. Es una noche perfecta. El grupo y yo hablamos hasta que se pone el sol. Compartimos anécdotas y bromas, y nos lo pasamos muy bien. Cuando la noche empieza a caer, todos empezamos a sentirnos cansados. Nos **despedimos** con un beso y nos separamos. Vuelvo a mi hotel, feliz y contento. No puedo creer lo bonito que es este lugar. Tengo mucha suerte de haberlo **vivido**.

Preguntas de comprensión

1. Where does the narrator go after she wakes up?

2. What is the narrator admiring as she walks along the beach?

3. What does the narrator have to watch out for as she walks along the beach?

4. Where does the narrator sit down to enjoy the view?

5. How long does the narrator sit there?

6. Whom does the narrator see when she opens her eyes again?

7. What does the narrator's mother say?

8. What do the narrator and the people she meets talk about?

Comprehension Questions

1. ¿Dónde va la narradora después de despertar?

2. ¿Qué admira la narradora mientras camina por la playa?

3. ¿De qué tiene que cuidarse la narradora mientras camina por la playa?

4. ¿Dónde se sienta el narrador para disfrutar de la vista?

5. ¿Cuánto tiempo está el narrador sentado allí?

6. ¿A quién ve la narradora cuando vuelve a abrir los ojos?

7. ¿Qué dice la madre del narrador?

8. ¿De qué hablan la narradora y las personas que conoce?

Camping at the Lake

I walk towards the lake, **admiring** the peacefulness of the scene. The sun is beating down on the small lake, making the water look like a sheet of glass. The only movement is the occasional ripple from a fish **breaking** the surface. Even the birds seem to be taking a break from the heat, with only the sound of cicadas filling the air. **Suddenly**, the peace is broken by a loud splash. A large **fish** has jumped out of the water, trying to catch a dragonfly. The fish misses its target and falls back into the water with a splash. "Wow," I think to myself, "that was a big fish!." I looked around to see if anyone else saw it, but there was no one around. I guess I'll have to tell them when I get back to camp.

The heat is **oppressive**, making it hard to breathe. The air is thick and heavy, like a blanket wrapped around you. The only relief is in the water. It is cool and refreshing, like a cold drink on a hot day. I take a deep breath and dive into the water. The relief is immediate as the cool water surrounds me. I swim down to the bottom and then back up to the surface, feeling the water cool my body. I continue **swimming** laps, enjoying the respite from the heat. After a while, I get out of the water and lie down on the grass, letting the sun dry my body. I close my eyes and drift off to sleep, the sound of the **cicadas** lulling me into a deep slumber. I let the sun bake the water out of my skin. I can feel my skin getting red, but I don't care. I am too hot to care.The next thing I know, the sun is setting.

Acampada en el lago

Camino hacia el lago, **admirando la** tranquilidad de la escena. El sol pega en el pequeño lago, haciendo que el agua parezca una lámina de cristal. El único movimiento es el de los peces que **rompen** la superficie. Incluso los pájaros parecen descansar del calor, y sólo el sonido de las cigarras llena el aire. **De repente, la** paz se rompe con un fuerte chapoteo. Un gran **pez** ha saltado fuera del agua, intentando atrapar una libélula. El pez no alcanza su objetivo y cae de nuevo al agua con un chapoteo. "¡Vaya!", pienso para mis adentros, "¡ese era un pez grande!". Miro a mi alrededor para ver si alguien más lo ha visto, pero no hay nadie. Supongo que tendré que contarlo cuando vuelva al campamento.

El calor es **agobiante** y dificulta la respiración. El aire es espeso y pesado, como una manta que te envuelve. El único alivio es el agua. Es fresca y refrescante, como una bebida fría en un día caluroso. Respiro profundamente y me sumerjo en el agua. El alivio es inmediato cuando el agua fresca me rodea. Nado hasta el fondo y luego vuelvo a la superficie, sintiendo que el agua refresca mi cuerpo. Sigo **nadando**, disfrutando del respiro del calor. Después de un rato, salgo del agua y me tumbo en la hierba, dejando que el sol me seque el cuerpo. Cierro los ojos y me duermo, el sonido de las **cigarras** me arrulla en un profundo sueño. Dejo que el sol me quite el agua de la piel. Siento que mi piel se enrojece, pero no me importa. Lo siguiente

The sky is a beautiful orange, with streaks of pink and purple. The heat is gone, replaced by a cool **breeze**.

I get up and put my clothes back on, feeling refreshed and rejuvenated. I take a deep **breath** of the cool air and smile. It feels good to be alive. I walk back to the campsite, admiring the way the colors dance in the sky. I can see the campfire burning in the distance, and I can smell the smoke in the air. I smile and **quicken** my pace. I am ready to relax and enjoy the rest of my evening. I walk into the campsite and see that everyone is gathered around the fire. They are **laughing** and joking, and I can see the fire reflecting in their eyes. I smile and sit down next to my friends. It is good to be back. The next morning, I wake up early and start to pack up my things. I am eager to get back on the trail and continue my journey. I say goodbye to my friends and start to walk away. As I walk, I take one last look at the **campsite**. I can see the fire still burning in the distance, and I can smell the smoke in the air. I smile and quicken my pace. I'm ready to continue my **journey**.

que sé es que el sol se está poniendo. El cielo es de un hermoso color naranja, con vetas de color rosa y púrpura. El calor ha desaparecido y ha sido sustituido por una **brisa** fresca.

Me levanto y me vuelvo a poner la ropa, sintiéndome renovada y rejuvenecida. **Respiro** profundamente el aire fresco y sonrío. Se siente bien estar vivo. Vuelvo al campamento, admirando la forma en que los colores bailan en el cielo. Veo la hoguera que arde a lo lejos y huelo el humo en el aire. Sonrío y **acelero el** paso. Estoy lista para relajarme y disfrutar del resto de la noche. Entro en el campamento y veo que todos están reunidos alrededor del fuego. **Ríen** y bromean, y puedo ver el fuego reflejado en sus ojos. Sonrío y me siento junto a mis amigos. Es bueno estar de vuelta. A la mañana siguiente, me despierto temprano y empiezo a recoger mis cosas. Estoy ansioso por volver a la ruta y continuar mi viaje. Me despido de mis amigos y empiezo a caminar. Mientras camino, echo un último vistazo al **campamento**. Veo que el fuego sigue ardiendo a lo lejos y puedo oler el humo en el aire. Sonrío y acelero el paso. Estoy listo para continuar mi **viaje**.

Preguntas de comprensión

1. Where is the walker going?

2. What kind of weather is it?

3. What does the water look like?

4. How does the walker react to the heat?

5. What is the fish doing?

6. Why is the walker alone?

7. How does the water feel?

8. How does the walker feel after swimming?

9. What time of day is it when the walker wakes up?

10. Where does the walker go when he leaves the camp?

Comprehension Questions

1. ¿Dónde va el caminante?

2. ¿Qué tiempo hace?

3. ¿Qué aspecto tiene el agua?

4. ¿Cómo reacciona el caminante al calor?

5. ¿Qué hace el pez?

6. ¿Por qué el caminante está solo?

7. ¿Cómo se siente el agua?

8. ¿Cómo se siente el caminante después de nadar?

9. ¿A qué hora del día se despierta el caminante?

10. ¿Adónde va el caminante cuando sale del campamento?

The House

I moved into my new house last week, and I am so **excited**! It is so much bigger than my old one, and it has a big backyard. I can't wait to have friends over for BBQs and parties. My **favourite** part is my new bedroom. It is so big and bright, and I have lots of space to put all of my things. I am really happy with my new house and I think I will be very happy here. I decided to explore the house a bit more. I went upstairs to the second floor and started making my way to the kitchen when I saw a big black spider on the wall! I screamed and ran downstairs. I was so **scared**! But after a few minutes, I calmed down and decided to go back upstairs. I slowly made my way to the kitchen and saw that the spider was gone. I was so relieved! I went back downstairs and decided to go outside to explore the **backyard**. It was so big! I couldn't believe it. I saw a swing set in the corner and a slide. I also saw a basketball net and a **trampoline**. I was so excited!

I can't wait to use all of this new stuff. The **neighbours** came over and introduced themselves. They seemed really nice, and we talked for a while. They invited me to their BBQ next weekend, and I said I would love to come. I had a great first week in my new house, and I am excited about all of the new adventures that are ahead. Today, I am going to go exploring in the backyard again and see what else I can find. Who knows, maybe I'll even find some **treasure**. I can't wait to see what the next week brings! The next week, I went exploring in the backyard again, and I found a

La Casa

Me mudé a mi nueva casa la semana pasada y estoy muy **emocionada**. Es mucho más grande que la anterior y tiene un gran patio trasero. Me muero de ganas de tener amigos en casa para hacer barbacoas y fiestas. Mi parte favorita es mi nuevo dormitorio. Es muy grande y luminosa, y tengo mucho espacio para poner todas mis cosas. Estoy muy contenta con mi nueva casa y creo que seré muy feliz aquí. Decidí explorar la casa un poco más. Subí al segundo piso y empecé a dirigirme a la cocina cuando vi una gran araña negra en la pared. Grité y corrí escaleras abajo. Estaba muy **asustada**. Pero después de unos minutos, me calmé y decidí volver a subir. Me dirigí lentamente a la cocina y vi que la araña había desaparecido. Me sentí muy aliviada. Volví a bajar las escaleras y decidí salir a explorar el **patio trasero**. Era tan grande. No me lo podía creer. Vi un columpio en la esquina y un tobogán. También vi una red de baloncesto y una **cama elástica**. Estaba muy emocionada.

No puedo esperar a usar todas estas cosas nuevas. Los **vecinos** vinieron y se presentaron. Parecían muy simpáticos y estuvimos hablando un rato. Me invitaron a su barbacoa el próximo fin de semana y les dije que me encantaría ir. He pasado una primera semana estupenda en mi nueva casa, y estoy entusiasmada con todas las nuevas aventuras que me esperan. Hoy voy a ir a explorar de nuevo en el patio trasero y ver qué más puedo encontrar. Quién sabe, quizá encuentre

secret garden. It was so beautiful! There were flowers everywhere and a little pond with fish in it. I also saw a swing set that I hadn't seen before. I was so excited to find this secret garden, and I can't wait to explore it more. It was so **beautiful**!

There were flowers everywhere and a little pond with fish in it. I also saw a **swing** set that I hadn't seen before. I was so excited to find this secret garden, and I can't wait to explore it more. I also loved my new room. It was so big and bright, and there were already posters of my favourite bands on the walls. I didn't even have to bring any of my own **furniture** because there was already a bed, dresser, and desk here. This is going to be the best year ever! I was a little nervous about starting at a new **school**, but all of my new neighbours have been so friendly. I even met a girl who lives next door, and she says that she'll walk to school with me on my first day. I love my new house, and I'm so excited to start this new chapter in my life! Tomorrow is going to be great! I wonder what adventures lie ahead. All of my belongings have been unpacked, and I'm ready for bed. I can't wait to see what **tomorrow** brings!

algún **tesoro**. Estoy deseando ver lo que me depara la próxima semana. A la semana siguiente, volví a explorar el patio trasero y encontré un jardín secreto. Era muy bonito. Había flores por todas partes y un pequeño estanque con peces. También vi un columpio que no había visto antes. Me emocioné mucho al encontrar este jardín secreto, y no puedo esperar a explorarlo más. Era muy **bonito**.

Había flores por todas partes y un pequeño estanque con peces. También vi un **columpio** que no había visto antes. Me emocionó mucho encontrar este jardín secreto y estoy deseando explorarlo más. También me encantó mi nueva habitación. Era tan grande y luminosa, y ya había pósters de mis grupos favoritos en las paredes. Ni siquiera tuve que traer mis propios **muebles** porque ya había una cama, una cómoda y un escritorio. ¡Este va a ser el mejor año de todos! Estaba un poco nerviosa por empezar en una nueva **escuela**, pero todos mis nuevos vecinos han sido muy amables. Incluso he conocido a una chica que vive en la puerta de al lado y dice que me acompañará al colegio el primer día. Me encanta mi nueva casa y estoy muy emocionada por empezar este nuevo capítulo de mi vida. Mañana va a ser genial. Me pregunto qué aventuras me esperan. Todas mis pertenencias han sido desempacadas y estoy lista para ir a la cama. No puedo esperar a ver lo que me depara **el día de mañana.**

Preguntas de comprensión

1. Where does the person live?

2. How does the person like it in the new house?

3. What is the person's favorite part of the new house?

4. What did the person find in the garden?

5. Who are the neighbors?

6. How did the person's first days in the new house feel?

7. What is the person's favorite part of the new room?

8. What is the person planning to do tomorrow?

9. What was the best part of the person's first week in the new house?

Comprehension Questions

1. ¿Dónde vive la persona?

2. ¿Qué le parece la persona en la nueva casa?

3. ¿Cuál es la parte favorita de la persona en la nueva casa?

4. ¿Qué encontró la persona en el jardín?

5. ¿Quiénes son los vecinos?

6. ¿Cómo fueron los primeros días de la persona en la nueva casa?

7. ¿Cuál es la parte favorita de la persona en la nueva habitación?

8. ¿Qué piensa hacer la persona mañana?

9. ¿Qué fue lo mejor de la primera semana de la persona en la nueva casa?

On the train

I ran to the train station, but I was too late. The train had already left without me. I felt so **angry** and **disappointed** with myself. I had been planning to take the train to visit my grandparents who live in the country, but now I would have to wait a whole hour for the next train. I decided to walk around the city for a while instead and tried to forget about my missed opportunity. As I walked, I started **daydreaming** about all of the places that **trains** can take you. Suddenly, I wasn't so upset anymore. I head back into the station and can't help but to notice the large red, white, and blue locomotive chugging its way towards me. It's not until I see the **conductor** waving at me from the window that I realise that this train is for me. I board the train and find my seat, settling in for what promises to be a long journey.

As we pull out of the station, I can't help but wonder where this train will take me. Through **fields** of green and over rivers blue, past mountains and valleys too, there's no telling where this old train will go. As night begins to fall, I drift off into a **peaceful** sleep, lulled by the **rhythmic** movement of the cars on the tracks below. When morning comes again, I open my eyes to find that we've arrived in a small town somewhere in the middle of nowhere. The sun is just peeking over the horizon as locals start milling about on Main Street; it looks like any other day here except for one thing-there's a big sign posted near City Hall that

En el tren

Corrí a la estación de tren, pero llegué demasiado tarde. El tren ya había partido sin mí. Me sentí muy **enfadada** y **decepcionada** conmigo misma. Había planeado coger el tren para visitar a mis abuelos, que viven en el campo, pero ahora tendría que esperar una hora entera al siguiente tren. Decidí pasear un rato por la ciudad y tratar de olvidar la oportunidad perdida. Mientras caminaba, empecé a **soñar** con todos los lugares a los que te puede llevar **el tren**. De repente, ya no estaba tan molesto. Vuelvo a la estación y no puedo evitar fijarme en la gran locomotora roja, blanca y azul que se dirige hacia mí. No es hasta que veo al **revisor** saludándome desde la ventanilla cuando me doy cuenta de que ese tren es para mí. Subo al tren y encuentro mi asiento, acomodándome para lo que promete ser un largo viaje.

Mientras salimos de la estación, no puedo evitar preguntarme a dónde me llevará este tren. A través de **campos** verdes y ríos azules, pasando por montañas y valles, no se sabe adónde irá este viejo tren. Cuando empieza a caer la noche, me quedo dormido, arrullado por el movimiento **rítmico** de los vagones en las vías. Cuando vuelve a amanecer, abro los ojos y veo que hemos llegado a un pequeño pueblo en medio de la nada. El sol acaba de asomar por el horizonte mientras los lugareños empiezan a arremolinarse en la calle principal; parece un día cualquiera, excepto por una cosa: hay un gran cartel colocado cerca del Ayuntamiento que dice "¡Bienvenidos a bordo!".

reads "Welcome aboard!" It seems this little town has been expecting us, even though we're just an ordinary **passenger** train passing through on our way elsewhere. As we leave town behind us once more, chugging along towards who knows where next, I smile at all the friendly faces waving goodbye from those little houses nestled amongst **farmland**—it really is amazing how something so seemingly ordinary can bring so much joy simply by passing through. And then, of course, there are the **children**.

I lean out the window of my locomotive. They always make me feel so happy with their shining eyes and big grins. I waved back at them energetically before returning to my **cabin** and taking a seat. It's been a long day already, but it's not over yet; there's still another few hours until we reach our final **destination**. I pull out my book and start reading, letting the rhythmic rocking of the train lull me into a peaceful state. Every now and then I glance up at the scenery passing by outside— it never gets old no matter how many times I see it. Eventually, night starts to fall and **twinkling** lights start to appear in the distance; we're getting close now. Soon enough, we're pulling into the station and coming to a stop. As passengers start disembarking, I can't help but **reflect** on how trains have always been such an important part of my life. They've taken me on so many adventures, both real and **imaginary**, and for that I will be forever grateful.

Parece que esta pequeña ciudad nos ha estado esperando, a pesar de que sólo somos un tren de **pasajeros** ordinario que pasa por aquí de camino a otro lugar. Mientras dejamos atrás la ciudad una vez más, avanzando hacia quién sabe dónde, sonrío al ver todas las caras amistosas que se despiden desde esas pequeñas casas enclavadas entre **los campos de cultivo;** es realmente increíble cómo algo tan aparentemente ordinario puede traer tanta alegría simplemente por pasar. Y luego, por supuesto, están los **niños**.

Me asomo a la ventana de mi locomotora. Siempre me hacen sentir muy feliz con sus ojos brillantes y sus grandes sonrisas. Les devuelvo el saludo con energía antes de volver a mi **cabina** y tomar asiento. Ya ha sido un día muy largo, pero aún no ha terminado; todavía faltan algunas horas para llegar a nuestro **destino final**. Saco mi libro y empiezo a leer, dejando que el rítmico balanceo del tren me adormezca. De vez en cuando levanto la vista para ver el paisaje que pasa por fuera; nunca pasa de moda, no importa cuántas veces lo vea. Finalmente, la noche comienza a caer y las luces **parpadeantes** empiezan a aparecer en la distancia; nos estamos acercando. Pronto entramos en la estación y nos detenemos. Mientras los pasajeros empiezan a desembarcar, no puedo evitar **reflexionar** sobre cómo los trenes han sido siempre una parte tan importante de mi vida. Me han llevado a muchas aventuras, tanto reales como **imaginarias**, y por ello les estaré siempre agradecido.

Preguntas de comprensión

1. Where is the train going?

2. Who is traveling on the train?

3. When does the train leave?

4. How does the protagonist get on the train?

5. Where does the train come from?

6. Where is the train going next?

7. When did the passengers arrive?

8. How does the protagonist feel when he misses the train?

9. How does the train driver react when he sees the protagonist?

10. Why does the protagonist like trains.

Comprehension Questions

1. ¿A dónde va el tren?

2. ¿Quién viaja en el tren?

3. ¿Cuándo sale el tren?

4. ¿Cómo sube el protagonista al tren?

5. ¿De dónde viene el tren?

6. ¿Adónde va el tren ahora?

7. ¿Cuándo llegaron los pasajeros?

8. ¿Cómo se siente el protagonista cuando pierde el tren?

9. ¿Cómo reacciona el conductor del tren cuando ve al protagonista?

10. ¿Por qué le gustan los trenes al protagonista?

Cooking Dinner

It's 5 pm now and I am walking home from work. I'm looking **forward** to having a calm evening at home with my partner. We'll cook dinner together and then just relax for the rest of the night. It feels good to know that I don't have any plans or obligations this **evening**. I arrive home and my partner is already in the kitchen, starting to prepare our dinner. It smells **amazing** in here! We chat as we cook, catching up on each other's days and sharing little stories from our work lives. The kitchen is my favourite room in our apartment. I love cooking, and I especially love cooking with my partner. We always have such a good time in here, laughing and joking around while we cook up a storm. Plus, the food is always **incredible** when we work **together**.

Tonight, we're making one of my all-time favourite recipes: **chicken** Parmesan. My partner starts by breading the chicken while I get the sauce simmering on the **stovetop**. We work together like a well-oiled machine, and before long, dinner is ready to serve. We sit down at our little kitchen table with **plates** heaped high with chicken Parmesan, pasta, and salad. We clink glasses and take our first bite—and it's **heavenly**! The chicken is crispy on the outside but juicy on the inside; the sauce is flavorful and perfect; the pasta is cooked al dente... everything tastes absolutely perfect tonight. We both know that this was one of those nights where everything just came together perfectly as we **savour** every last bite of our delicious meal. It tasted even

Cocinar la cena

Son las 5 de la tarde y estoy volviendo a casa desde el trabajo. Estoy **deseando pasar** una noche tranquila en casa con mi pareja. Prepararemos la cena juntos y luego nos relajaremos el resto de la noche. Me siento bien al saber que no tengo ningún plan ni obligación esta **noche**. Llego a casa y mi pareja ya está en la cocina, empezando a preparar nuestra cena. Huele **de maravilla**. Charlamos mientras cocinamos, poniéndonos al día y compartiendo pequeñas historias de nuestras vidas laborales. La cocina es mi habitación favorita de nuestro apartamento. Me encanta cocinar, y sobre todo cocinar con mi pareja. Siempre nos lo pasamos muy bien aquí, riendo y bromeando mientras cocinamos. Además, la comida siempre es **increíble** cuando trabajamos **juntos**.

Esta noche vamos a preparar una de mis recetas favoritas: **pollo** a la parmesana. Mi pareja empieza a empanar el pollo mientras yo pongo la salsa a hervir a **fuego** lento. Trabajamos juntos como una máquina bien engrasada y, en poco tiempo, la cena está lista para servir. Nos sentamos en nuestra pequeña mesa de cocina con **platos llenos** de pollo a la parmesana, pasta y ensalada. Brindamos por los vasos y damos el primer bocado, ¡y es **celestial**! El pollo está crujiente por fuera pero jugoso por dentro; la salsa es sabrosa y perfecta; la pasta está cocida al dente... todo sabe absolutamente perfecto esta noche. Los dos sabemos que esta fue una de esas noches en las que todo salió

better than it smelled—which was pretty damn good! We finish our meal relatively quickly as neither of us is particularly hungry today, but we take our time enjoying a few more **glasses** of wine while chatting lightly about this and that topic. After dinner, we clean up quickly together and then move into the living room, where we spend some time **cuddling** on the couch while watching TV.

It feels so nice just being close to each other after a long day apart **working**. I feel content. Even though we didn't have an eventful evening, it was nice to just spend some time together without having to leave the house. We watched a movie and went to bed early, feeling **satisfied** with our simple night in. This has become one of our **favourite** things to do on nights when we don't want to go out—just relax at home and enjoy each other's company over a home-cooked meal. It's always nice to know that we can come back here after a long day and just be ourselves. **Eventually**, we both start yawning, so we decide to head upstairs to bed, where we read for a bit before snuggling close under the covers and falling asleep soundly.

a la perfección mientras **saboreamos** hasta el último bocado de nuestra deliciosa comida. Sabía incluso mejor de lo que olía, ¡que era muy bueno! Terminamos la comida con relativa rapidez, ya que ninguno de los dos tiene especial hambre hoy, pero nos tomamos nuestro tiempo para disfrutar de unas cuantas **copas** de vino más mientras charlamos ligeramente sobre este y aquel tema. Después de la cena, limpiamos juntos rápidamente y nos trasladamos al salón, donde pasamos un rato **acurrucados** en el sofá mientras vemos la televisión.

Es tan agradable estar cerca el uno del otro después de un largo día **de trabajo** separados. Me siento satisfecha. Aunque no tuvimos una noche agitada, fue agradable pasar un tiempo juntos sin tener que salir de casa. Vimos una película y nos fuimos a la cama temprano, **satisfechos** de nuestra sencilla noche. Esto se ha convertido en una de nuestras actividades **favoritas** en las noches en las que no queremos salir: relajarnos en casa y disfrutar de la compañía del otro con una comida casera. Siempre es agradable saber que podemos volver aquí después de un largo día y ser nosotros mismos. Al **final**, los dos empezamos a bostezar, así que decidimos subir a la cama, donde leemos un rato antes de acurrucarnos bajo las sábanas y quedarnos profundamente dormidos.

Preguntas de comprensión

1. Where does the narrator come from?

2. What does the narrator do after work?

3. What does the narrator eat for dinner?

4. Why does the narrator like the kitchen?

5. What kind of dish does the couple cook?

6. How does the narrator feel at the end of the evening?

7. What is the couple's favorite thing to do?

8. What do the couple do when they get tired?

9. Where do they sleep?

10. Why does the narrator like to stay at home?

Preguntas de comprensión

1. ¿De dónde viene el narrador?

2. ¿Qué hace el narrador después del trabajo?

3. ¿Qué cena el narrador?

4. ¿Por qué le gusta la cocina al narrador?

5. ¿Qué tipo de plato cocina la pareja?

6. ¿Cómo se siente el narrador al final de la noche?

7. ¿Qué es lo que más le gusta hacer a la pareja?

8. ¿Qué hace la pareja cuando se cansa?

9. ¿Dónde duermen?

10. ¿Por qué al narrador le gusta quedárse en casa?

Walking Home

It was a **peaceful** night as I walked home from work. As I walked, I couldn't help but smile at the memories. It felt good to be back in my old neighborhood. I waved to a few people I knew, and they waved back. It was good to be home. I walked past my old school and **remembered** all the good times I had with my friends. We would always walk home together and talk about our day. **Sometimes** we would stop and get ice cream or go to the park. Those were the best times. I miss those times. But now I have my own family and I'm happy with my life. I'm glad I can look back on those memories and smile. They are a part of my life that I will always cherish. Those were the best times. I miss those times. But now I have my own family and I'm happy with my life. I'm glad I can look back on those **memories** and smile. They are a part of my life that I will always cherish.

I keep walking, thinking about the good times I had with my friends. I know I'll see them again soon. I head towards my home and decide to walk through a park nearby. The sun is setting and the sky is turning a **beautiful** orange color. The park is empty, except for a few birds chirping in the trees. I take a deep **breath** and smile. As I walk through the park, I see a shooting star streak across the sky. I made a wish on that star, and kept walking. I think about my day at work and how **peaceful** it was. I smile to myself, thinking about how lucky I am to have such a great job. I walk home,

Caminando a casa

Era una noche **tranquila mientras volvía** a casa desde el trabajo. Mientras caminaba, no pude evitar sonreír ante los recuerdos. Me sentí bien al volver a mi antiguo barrio. Saludé a algunos conocidos y ellos me devolvieron el saludo. Era bueno estar en casa. Pasé por delante de mi antigua escuela y **recordé** todos los buenos momentos que pasé con mis amigos. Siempre íbamos juntos a casa y hablábamos de nuestro día. **A veces** nos parábamos a tomar un helado o íbamos al parque. Eran los mejores momentos. Echo de menos esos momentos. Pero ahora tengo mi propia familia y soy feliz con mi vida. Me alegro de poder recordar esos momentos y sonreír. Son una parte de mi vida que siempre apreciaré. Fueron los mejores tiempos. Echo de menos esos tiempos. Pero ahora tengo mi propia familia y soy feliz con mi vida. Me alegro de poder recordar esos **momentos** y sonreír. Son una parte de mi vida que siempre apreciaré.

Sigo caminando, pensando en los buenos momentos que pasé con mis amigos. Sé que los volveré a ver pronto. Me dirijo hacia mi casa y decido pasear por un parque cercano. El sol se está poniendo y el cielo se está volviendo de un **hermoso color** naranja. El parque está vacío, a excepción de algunos pájaros que cantan en los árboles. **Respiro** profundamente y sonrío. Mientras camino por el parque, veo una estrella fugaz que atraviesa el cielo. Pido un deseo a esa estrella y sigo caminando. Pienso en mi día de trabajo y

feeling the cool night air on my skin. I feel so alive and happy, just enjoying the simple act of walking home on a peaceful night.

I felt so good, I started **whistling**. I walked past a few people on the street, but they were all minding their own business.

I turned the corner onto my street and saw my neighbor's cat, Mr. Whiskers, sitting on my porch. I said hello to him and he meowed back. I **unlocked** my door and went inside. I was so happy to be home. I took off my shoes and got ready for bed. I went to bed that night feeling happy and grateful, my heart full of love. I slept soundly through the night, not worrying about anything. I woke up from a restful sleep and was **greeted** by the sun shining in through my window. I got out of bed and stretched, taking a deep breath and feeling the cool air fill my lungs. I walked to my window and looked out, hearing the birds chirping and the **squirrels** playing. I smiled and went to get dressed, feeling happy and content. I had a great day, spending time with my **friends** and family. I laughed and joked and just **enjoyed** myself.

en lo **tranquilo que** ha sido. Sonrío para mis adentros, pensando en la suerte que tengo de tener un trabajo tan bueno. Vuelvo a casa, **sintiendo** el aire fresco de la noche en mi piel. Me siento tan viva y feliz, disfrutando del simple hecho de volver a casa en una noche tranquila.

Me sentí tan bien que empecé a **silbar**. Pasé por delante de algunas personas en la calle, pero todas estaban ocupadas en sus propios asuntos.

Doblé la esquina de mi calle y vi al gato de mi vecino, el Sr. Bigotes, sentado en mi porche. Le saludé y me devolvió el maullido. **Abrí** la puerta y entré. Estaba muy contenta de estar en casa. Me quité los zapatos y me preparé para ir a la cama. Esa noche me acosté feliz y agradecida, con el corazón lleno de amor. Dormí profundamente toda la noche, sin preocuparme por nada. Me desperté de un sueño reparador y **me recibió** el sol que entraba por la ventana. Me levanté de la cama y me estiré, respirando profundamente y sintiendo cómo el aire fresco llenaba mis pulmones. Me acerqué a la ventana y miré hacia afuera, escuchando el canto de los pájaros y el juego de **las ardillas**. Sonreí y fui a vestirme, sintiéndome feliz y contenta. He pasado un día estupendo, pasando tiempo con mis **amigos** y mi familia. Me reí y bromeé y me **divertí**.

Preguntas de comprensión

1. What was the protagonist doing when the story started?

2. What did the protagonist think about when walking home?

3. What did the protagonist used to do with friends after school?

4. What does the protagonist miss about those times?

5. What does the protagonist think about their current life?

6. What does the protagonist do when they see a shooting star?

7. How does the protagonist feel when they walk home?

8. What does the protagonist do when they get home?

Comprehension Questions

1. ¿Qué hacía el protagonista cuando empezó la historia?

2. ¿En qué pensaba el protagonista cuando volvía a casa?

3. ¿Qué solía hacer el protagonista con sus amigos después del colegio?

4. ¿Qué echa de menos el protagonista de aquellos tiempos?

5. ¿Qué piensa el protagonista de su vida actual?

6. ¿Qué hace el protagonista cuando ve una estrella fugaz?

7. ¿Cómo se siente el protagonista cuando vuelve a casa?

8. ¿Qué hace el protagonista al llegar a casa?

The castle

The family had always wanted to visit an old castle in **Germany**, and finally they took the trip. They were not **disappointed**. The castle was beautiful, and they enjoyed exploring its many rooms and corridors. The first thing that hit them was the smell. They found **mould**, dampness, and something else they couldn't quite put their finger on. The second thing was the sound. Stone walls are thick, but they don't deaden sound completely. They heard every footstep, every word spoken in a normal voice, and the occasional drip of water **somewhere** in the distance. As their eyes adjusted to the dim light, they saw massive stone walls looming all around them, tapestries hanging from them in **tattered** shreds. They were standing in a huge hall with a high ceiling supported by carved pillars. They also loved the views from the turrets, and the kids had a great time running around the grounds. The **sun** had begun to set by the time they finished exploring the castle, and they regretted that they hadn't brought a **flashlight**. They decided to make their way back to the entrance, but soon found themselves lost. They wandered around for what felt like hours, until finally they came across a door that led outside. They continued until they **reached** the end of the hall and came to an imposing set of double doors. Try as they might, the doors wouldn't budge. They rattle **ominously** but don't move an inch. It looked like whoever was here before must have gone through here and locked them from inside. Eventually, they find a way out. Relief washed over them as they stepped out into the cool

El castillo

La familia siempre había querido visitar un antiguo castillo en **Alemania,** y finalmente hicieron el viaje. No **les decepcionó**. El castillo era precioso y disfrutaron explorando sus numerosas habitaciones y pasillos. Lo primero que les llamó la atención fue el olor. Encontraron **moho**, humedad y algo más que no pudieron determinar. Lo segundo fue el sonido. Las paredes de piedra son gruesas, pero no amortiguan el sonido por completo. Oyeron cada paso, cada palabra pronunciada con voz normal y el ocasional goteo de agua en **algún lugar** de la distancia. Cuando sus ojos se adaptaron a la escasa luz, vieron que a su alrededor se alzaban enormes muros de piedra, de los que colgaban tapices **hechos jirones**. Se encontraban en un enorme salón con un alto techo sostenido por pilares tallados. También les encantaron las vistas desde las torretas, y los niños se lo pasaron en grande corriendo por el recinto. El **sol** había empezado a ponerse cuando terminaron de explorar el castillo, y lamentaron no haber traído una **linterna**. Decidieron volver a la entrada, pero pronto se perdieron. Estuvieron dando vueltas durante horas, hasta que finalmente dieron con una puerta que conducía al exterior. Continuaron hasta **llegar** al final del pasillo y se encontraron con un imponente conjunto de puertas dobles. Por mucho que lo intenten, las puertas no se mueven. Traquetean **siniestramente** pero no se mueven ni un centímetro. Parece que quienquiera que haya estado aquí antes debe haber pasado por aquí y haberlas cerrado desde dentro. Finalmente, encuentran una salida. El alivio los

night air.

The sun had begun to set, and they **regretted** that they hadn't brought a flashlight. They decided to make their way back to the entrance, but soon found themselves lost. They wandered around for what felt like hours, until finally they came across a door that led **outside**. Relief washed over them as they stepped out into the cool night air. The next evening, they made sure to take a flashlight with them as they explored the rest of the castle. They walked through the **courtyard** and down to the river that ran behind the **castle** walls. As they walked around, they began to hear strange noises. It sounded like someone was following them. They quickened their pace, but the noises got louder and closer. The family ran back to the castle as fast as they could, and they were relieved to see that the figure in the **dark** cloak had not followed them.

They went back to their room and tried to forget about what had happened, but they could not shake the feeling that something was watching them from the shadows. Once they were inside, they **barricaded** the doors and windows and called the police. It was a long night, but eventually the police arrived and apprehended the figure. They later found out that it was just a local man who was known to dress up and scare people. He had been doing it for years, and it was just a **harmless** prank. However, this time he had gone too far and scared the wrong people. The police arrested him and charged him with trespassing and disturbing the peace.

invade cuando salen al aire fresco de la noche.

El sol empezaba a ponerse y **lamentaron no haber**
traído una linterna. Decidieron volver a la entrada, pero
pronto se perdieron. Estuvieron dando vueltas durante
horas, hasta que finalmente dieron con una puerta
que conducía **al exterior**. El alivio los invadió cuando
salieron al aire fresco de la noche. A la noche siguiente,
se aseguraron de llevar una linterna para explorar
el resto del castillo. Atravesaron el **patio** y bajaron
hasta el río que corría detrás de los muros del castillo.
Mientras caminaban, empezaron a oír ruidos extraños.
Parecía que alguien les seguía. Aceleraron el paso,
pero los ruidos eran cada vez más fuertes y cercanos.
La familia corrió de vuelta al castillo tan rápido como
pudo, y se sintió aliviada al ver que la figura de la capa
oscura no les había seguido.

Volvieron a su habitación y trataron de olvidar lo
sucedido, pero no pudieron quitarse de encima la
sensación de que algo les observaba desde las
sombras. Una vez dentro, **pusieron barricadas** en las
puertas y ventanas y llamaron a la policía. La noche
fue larga, pero finalmente la policía llegó y detuvo a la
figura. Más tarde descubrieron que se trataba de un
hombre de la zona conocido por disfrazarse y asustar
a la gente. Llevaba años haciéndolo y no era más que
una broma **inofensiva**. Sin embargo, esta vez fue
demasiado lejos y asustó a la gente equivocada. La
policía le detuvo y le acusó de allanamiento y alteración
del orden público.

Preguntas de comprensión

1. What did the family do when they got lost in the castle?

2. How did the family feel when they found out it was just a local man?

3. What did the man do that got him arrested?

4. What was the sentence for the man?

5. What noise did the family hear while they were walking?

6. Where was the figure in the dark cloak when the family saw him?

7. What did the family do when they got back to their room?

8. When did the family go explore the castle again?

Comprehension Questions

1. ¿Qué hizo la familia cuando se perdió en el castillo?

2. ¿Cómo se sintió la familia cuando se enteró de que era sólo un hombre de la zona?

3. ¿Qué hizo el hombre para que lo detuvieran?

4. ¿Cuál fue la sentencia para el hombre?

5. ¿Qué ruido escuchó la familia mientras caminaba?

6. ¿Dónde estaba la figura de la capa oscura cuando la familia lo vio?

7. ¿Qué hizo la familia al volver a su habitación?

8. ¿Cuándo volvió la familia a explorar el castillo?

My Garden

My garden is my happy place. I go out there every day, rain or shine, and spend time tending to my plants. I have a little bit of **everything**-vegetables, fruits, flowers, herbs. I even have a few chickens that help keep the pests at bay. I start my days in the garden by gathering eggs from the chickens. Then I check on my veggies, making sure they are getting enough water and sun. I weed the beds and pick off any bugs that might be **attacking** the plants. Once **everything** is taken care of, I sit back and enjoy the peace and quiet of nature.

I have always loved spending time in my garden. There is something about being surrounded by nature and all of the **beauty** that it has to offer. I find it to be a very peaceful and calming place. I often spend time in my garden just relaxing and enjoying the scenery. I also enjoy working in my garden and growing things. I have a pretty good-sized garden, and I like to grow a variety of **different** things in it. I grow flowers, **vegetables**, and herbs. I also have a few fruit trees that produce some delicious apples, pears, and plums. In addition to growing things, I also enjoy spending time just walking around my garden, **admiring** all of the different plants and animals that call it home. I have spent many hours over the years working on making my **garden** into a place that is not only beautiful but also functional. I love to watch the birds flit around and listen to them sing. Sometimes I even bring out a book and read in the garden while surrounded by all the beauty that I've

Mi jardín

Mi jardín es mi lugar feliz. Salgo todos los días, llueva o haga sol, y me dedico a cuidar mis plantas. Tengo un poco de **todo: verduras**, frutas, flores y hierbas. Incluso tengo unas cuantas gallinas que me ayudan a mantener a raya las plagas. Empiezo mis días en el jardín recogiendo los huevos de las gallinas. Luego compruebo las verduras y me aseguro de que reciben suficiente agua y sol. Deshierbo los parterres y elimino los bichos que puedan estar **atacando** las plantas. Una vez que **todo** está resuelto, me siento a disfrutar de la paz y la tranquilidad de la naturaleza.

Siempre me ha gustado pasar tiempo en mi jardín. Hay algo en estar rodeado de la naturaleza y de toda la **belleza que** ofrece. Me parece un lugar muy tranquilo y calmado. A menudo paso tiempo en mi jardín relajándome y disfrutando del paisaje. También me gusta trabajar en mi jardín y cultivar cosas. Tengo un jardín bastante grande y me gusta cultivar **diferentes** cosas en él. Cultivo flores, **verduras** y hierbas. También tengo algunos árboles frutales que producen deliciosas manzanas, peras y ciruelas. Además de cultivar cosas, también me gusta pasar tiempo paseando por mi jardín, **admirando todas las** plantas y animales que lo llaman hogar. He pasado muchas horas a lo largo de los años trabajando para hacer de mi **jardín** un lugar no sólo hermoso sino también funcional. Me encanta ver a los pájaros revolotear y escucharlos cantar. A veces incluso saco un libro y leo en el jardín mientras estoy rodeada de toda la belleza que he creado. **La jardinería** es mi

created. **Gardening** is my passion and it brings me so much joy. Every day in my garden is a good day.

One of the things that I love to do is cook, so having a well-stocked herb garden is very **important** to me. Thyme, basil, oregano, rosemary, sage, and lavender are just some of the herbs that I like to grow in my garden so that I can use them when cooking meals for myself or for **guests**. Another thing that is important to me when it comes to my garden is making sure that there is plenty of colour throughout it. To achieve this goal, I grow a wide variety of flowers, including **roses**, lilies, daisies, tulips, impatiens, marigolds, etc. In addition to adding colour with flowers, I also like to add interest by using different **textures** throughout the garden. For instance, I might plant ferns beneath towering sunflowers or hostas **alongside** spiky ornamental grasses. No matter what else might be going on in life, working in my garden always **manages** to help me feel more connected to nature and at peace with myself.

pasión y me da mucha alegría. Cada día en mi jardín es un buen día.

Una de las cosas que me gusta hacer es cocinar, así que tener un jardín de hierbas bien surtido es muy **importante para** mí. El tomillo, la albahaca, el orégano, el romero, la salvia y la lavanda son algunas de las hierbas que me gusta cultivar en mi jardín para poder utilizarlas cuando cocino para mí o para **mis invitados**. Otra cosa importante para mí cuando se trata de mi jardín es asegurarse de que haya mucho color en él. Para conseguirlo, cultivo una gran variedad de flores, como **rosas**, lirios, margaritas, tulipanes, impatiens, caléndulas, etc. Además de añadir color con las flores, también me gusta añadir interés utilizando diferentes **texturas** por todo el jardín. Por ejemplo, puedo plantar helechos debajo de grandes girasoles o hostas **junto a** hierbas ornamentales de punta. Independientemente de lo que me ocurra en la vida, trabajar en mi jardín siempre **me ayuda a** sentirme más conectada con la naturaleza y en paz conmigo misma.

Preguntas de comprensión

1. Where is the author's garden?

2. How many chickens does the author have?

3. What does the author do in the garden every day?

4. Why does the author like the garden?

5. What herbs does the author plant in the garden?

6. Why is it important to the author that there are many colors in his garden?

7. How does the author bring variety to his garden?

8. How does the author feel when he works in his garden?

9. What makes the author feel connected when he is in his garden?

Comprehension Questions

1. ¿Dónde está el jardín del autor?

2. ¿Cuántos pollos tiene el autor?

3. ¿Qué hace el autor en el jardín cada día?

4. ¿Por qué le gusta el jardín al autor?

5. ¿Qué hierbas planta el autor en el jardín?

6. ¿Por qué es importante para el autor que haya muchos colores en su jardín?

7. ¿Cómo aporta el autor variedad a su jardín?

8. ¿Cómo se siente el autor cuando trabaja en su jardín?

9. ¿Qué hace que el autor se sienta conectado cuando está en su jardín?

Going Shopping

I love going **shopping** in the mall. It's always so much fun to walk around and look at all the different stores. There's something for everyone in the mall, and it's always a great place to find deals on clothes, shoes, and accessories. I **usually** start my shopping trip by walking through the main **entrance** of the mall. From there, I head to my favourite stores first. After looking through those stores, I'll walk around and see if there are any sales going on at other places. I usually end up spending a couple hours in the mall before I finally make my purchases. I always like to take my time when shopping **because** I want to make sure that I'm getting **exactly** what I want. Plus, it's just more fun that way!

I always find it so **fascinating** to people watch while I'm at the mall. You can really tell a lot about a person by the way they shop. Some people are very methodical and take their time, while others just seem to grab **whatever** they can and head for the check-out as fast as possible. There are also those shoppers who seem more interested in talking on their cell phones or texting than actually looking at any of the merchandise! No matter what kind of shopper you are, though, everyone seems to enjoy window shopping—even if you don't actually buy anything. There's just something about looking at all of the pretty things in the store **windows** that makes me happy. Sometimes I fantasise about what it would be like if I could afford **everything** I see! All in all, spending a day shopping at the mall is one

Ir de compras

Me encanta ir **de compras** al centro comercial. Siempre es muy divertido pasear y ver todas las tiendas. Hay algo para todo el mundo en el centro comercial, y siempre es un buen lugar para encontrar ofertas en ropa, zapatos y accesorios. **Suelo** empezar mis compras por la **entrada** principal del centro comercial. Desde allí, me dirijo primero a mis tiendas favoritas. Después de mirar esas tiendas, me doy una vuelta para ver si hay rebajas en otros sitios. Suelo pasar un par de horas en el centro comercial antes de hacer mis compras. Siempre me gusta tomarme mi tiempo cuando voy de compras, **porque** quiero asegurarme de que compro **exactamente** lo que quiero. Además, así es más divertido.

Siempre me parece **fascinante** observar a la gente mientras estoy en el centro comercial. Se puede saber mucho de una persona por su forma de comprar. Algunas personas son muy metódicas y se toman su tiempo, mientras que otras parecen coger **todo lo que** pueden y dirigirse a la caja lo más rápido posible. También hay compradores que parecen más interesados en hablar por el móvil o enviar mensajes de texto que en mirar la mercancía. Sin embargo, sea cual sea el tipo de comprador, todo el mundo parece disfrutar mirando los escaparates, aunque no se compre nada. Hay algo en mirar todas las cosas bonitas de los **escaparates** que me hace feliz. A veces fantaseo con cómo sería si pudiera comprar **todo lo**

of my favourite pastimes. It's a great way to relax and unwind while also getting a little bit of exercise (if you walk around enough). Plus, it's **always** nice to treat yourself to a new shirt or pair of shoes every now and then!

I had a **long** day at work and finally had some time to myself, so I decided to go shopping at the mall. I needed some new clothes for the **upcoming** season. As soon as I walked in, I saw all the bright lights and shiny storefronts. I headed to my favourite store first and started browsing through the racks. I found a few cute tops and tried them on in the dressing room. As I was looking at myself in the mirror, I heard someone coming into the **dressing** room next to mine. I recognised their voice as one of my co-workers. We said hello and started chatting about work. After a few minutes, we both finished up and went our **separate** ways, but then ran into each other again later. We continued chatting and realised that we had more in common than we thought. We finished our drinks and then headed home for the night, **exhausted** from a long day of shopping but happy with our purchases nonetheless.

que veo. En definitiva, pasar un día de compras en el centro comercial es uno de mis pasatiempos favoritos. Es una forma estupenda de relajarse y desconectar al tiempo que se hace un poco de ejercicio (si se camina lo suficiente). Además, **siempre está bien darse un** capricho con una camisa o un par de zapatos nuevos de vez en cuando.

Tuve un **largo** día de trabajo y por fin tuve algo de tiempo para mí, así que decidí ir de compras al centro comercial. Necesitaba ropa nueva para la **próxima** temporada. Nada más entrar, vi todas las luces brillantes y los escaparates relucientes. Me dirigí primero a mi tienda favorita y empecé a mirar los estantes. Encontré unos cuantos tops bonitos y me los probé en el probador. Mientras me miraba en el espejo, oí que alguien entraba en el **probador** contiguo al mío. Reconocí su voz como la de una de mis compañeras de trabajo. Nos saludamos y empezamos a charlar sobre el trabajo. Al cabo de unos minutos, los dos terminamos y nos fuimos por **separado,** pero más tarde volvimos a encontrarnos. Seguimos charlando y nos damos cuenta de que tenemos más cosas en común de las que pensábamos. Terminamos nuestras bebidas y nos dirigimos a casa para pasar la noche, **agotados** por un largo día de compras, pero contentos con nuestras adquisiciones.

Preguntas de comprensión

1. Where do you like to store the most?

2. What is your favorite store in the mall?

3. How long do you usually stay at the mall?

4. What do you think about people who spend a lot of time at the mall? 5. what is your favorite thing to do at the mall?

6. Have you ever bought something at the mall when you didn't really need it?

7. How do you react when you see something at the mall that you would really like, but it is too expensive?

8. Have you ever seen something at the mall and wondered who would buy it?

Comprehension Questions

1. ¿Dónde le gusta más almacenar?

2. ¿Cuál es su tienda favorita en el centro comercial?

3. ¿Cuánto tiempo suele permanecer en el centro comercial?

4. ¿Qué opinas de la gente que pasa mucho tiempo en el centro comercial? 5. ¿Qué es lo que más te gusta hacer en el centro comercial?

6. ¿Alguna vez has comprado algo en el centro comercial cuando realmente no lo necesitabas?

7. ¿Cómo reaccionas cuando ves en el centro comercial algo que te gustaría mucho, pero es demasiado caro?

8. ¿Alguna vez has visto algo en el centro comercial y te has preguntado quién lo compraría?

At the Market

I wake up early on Saturday morning, eager to get to the **market** before it gets too crowded. I throw on some clothes and head out the door, grabbing my reusable bags on the way. As I walk, I start planning what I want to make for the week ahead. I know I want to **roast** vegetables at least once, so I'll need to buy some good quality vegetables. I also want to make a soup or stew, so I'll need to get some meat as well. I'll have to see what looks good when I get there. The market is only a few blocks away, and I can already see the stalls set up and the **people** milling about.

I arrive at the market and head straight for the vegetable stand. The selection is beautiful, and I fill my bags with a variety of **fresh** produce. I chat with the farmer for a bit, and he recommends some recipes to me. I'm excited to try them out. I chat with the **farmers** as I shop, getting to know them and their products. After I have all the vegetables I need, I move on to the meat section. I'm a bit more hesitant here, as I'm not sure what I want to get. I eventually decide on chicken because it is versatile and can be used in a variety of dishes. I also buy a few different cuts of meat, making sure to get grass-fed beef and free-range **chicken**. The butcher was a friendly man, always cheerful despite the long hours he worked. He wrapped up my chicken breasts and steak before chatting to me about his weekend plans. I said goodbye to him and continued on my way. I also grabbed some eggs and cheese from the

En el mercado

Me levanto temprano el sábado por la mañana, ansiosa por llegar al **mercado** antes de que se llene de gente. Me pongo algo de ropa y salgo por la puerta, cogiendo mis bolsas reutilizables por el camino. Mientras camino, empiezo a planear lo que quiero hacer para la semana que viene. Sé que quiero **asar** verduras al menos una vez, así que tendré que comprar verduras de buena calidad. También quiero hacer una sopa o un guiso, así que también tendré que comprar carne. Tendré que ver qué tiene buena pinta cuando llegue allí. El mercado está a unas pocas manzanas y ya veo los puestos instalados y la **gente** arremolinada.

Llego al mercado y me dirijo directamente al puesto de verduras. La selección es preciosa y lleno mis bolsas con una gran variedad de productos **frescos**. Hablo un rato con el agricultor y me recomienda algunas recetas. Estoy deseando probarlas. Mientras compro, charlo con los **agricultores para** conocerlos a ellos y a sus productos. Cuando tengo todas las verduras que necesito, paso a la sección de carne. Aquí estoy un poco más indecisa, ya que no estoy segura de lo que quiero comprar. Al final me decido por el pollo porque es versátil y se puede utilizar en una gran variedad de platos. También compro varios cortes de carne, asegurándome de comprar carne de vaca alimentada con pasto y **pollo** de corral. El carnicero era un hombre amable, siempre alegre a pesar de las largas horas de trabajo. Me envolvió las pechugas de pollo y el filete

dairy section.

The market was bustling with people, all of them eager to get their **hands** on the fresh produce and meat that were on offer. The air was thick with the smell of garlic and onions, and the sound of laughter and conversation filled the air. I made my way through the crowd, picking out the other items I needed for my weekly shop. I filled my **basket** with fruit and vegetables, pasta and bread, before heading to the checkout. The queue was long, but it moved quickly. Finally, the last of the **groceries** were bought, and it was time to go home. The car was loaded up, and the drive home was long and tedious. The traffic was heavy and the heat was oppressive. Finally, the car pulled into the driveway and the relief was palpable. The house was cool and quiet, and it was a haven after the **hustle** and bustle of the market. Everything was put away, and the house was soon back to its usual peace and quiet. I had everything I needed to make some **delicious** meals for myself and for my family. It was good to be home.

antes de charlar conmigo sobre sus planes para el fin de semana. Me despedí de él y seguí mi camino. También compré huevos y queso en la sección de productos lácteos.

El mercado bullía de gente, todos ellos ansiosos por hacerse con los productos frescos y la carne que se ofrecían. El aire huele a ajo y cebolla, y el sonido de las risas y las conversaciones llena el ambiente. Me abrí paso entre la multitud, eligiendo los demás artículos que necesitaba para mi compra semanal. Llené mi **cesta** de fruta y verdura, pasta y pan, antes de dirigirme a la caja. La cola era larga, pero avanzaba rápidamente. Por fin, compré los últimos **alimentos** y fue hora de volver a casa. Cargamos el coche y el viaje a casa fue largo y tedioso. El tráfico era intenso y el calor era agobiante. Finalmente, el coche entró en la calzada y el alivio fue palpable. La casa estaba fresca y tranquila, y era un refugio después del **ajetreo** del mercado. Todo estaba guardado y la casa pronto volvió a su tranquilidad habitual. Tenía todo lo que necesitaba para preparar unas **deliciosas** comidas para mí y para mi familia. Era bueno estar en casa.

Preguntas de comprensión

1. Where is the person going?

2. What does the person want to buy?

3. How many bags does the person have?

4. How far away is the market?

5. What is the person doing right now?

6. What is everything in the market?

7. How many people are in the market?

8. How long did it take the person to buy everything?

9. How did the person go home?

10. What did the person do when he or she got home?

Comprehension Questions

1. ¿Dónde va la persona?

2. ¿Qué quiere comprar la persona?

3. ¿Cuántas bolsas tiene la persona?

4. ¿A qué distancia está el mercado?

5. ¿Qué está haciendo la persona en este momento?

6. ¿Qué es todo en el mercado?

7. ¿Cuántas personas hay en el mercado?

8. ¿Cuánto tiempo tardó la persona en comprar todo?

9. ¿Cómo se fue la persona a su casa?

10. ¿Qué hizo la persona al llegar a casa?

At a Cafe

It was a chilly **autumn** morning, and I had arranged to meet my friend Lily at our favourite cafe for a coffee. I wrapped up warm in my coat and scarf and set off. The leaves were falling from the trees and the air had a nip to it, but the sun was shining and it promised to be a beautiful day. As I walked, I **thought** about how good it was to have a friend like Lily. We had been friends for years, ever since we met at **university**. We bonded over our love of coffee and spending time chatting in cafes. Even though we now lived in different parts of the city, we still managed to meet up for coffee once a week. I arrived at the cafe, and Lily was already there, waiting for me. We hugged each other hello and then ordered our coffees. We found a table by the window and settled down to chat. The **coffee** was delicious, as always, and it was so nice to catch up with Lily. We talked about our week, our jobs, and our plans for the future. It was always so easy to talk to Lily, and I felt like I could tell her anything. After a while, we started to get hungry and **decided** to order some food.

We **ordered** our food and found a seat by the window. The sun was shining in through the window, making everything feel warm and happy. We chatted as we ate our food, enjoying the simple pleasure of being in each other's **company**. The cafe was busy, but it didn't feel crowded. There was a feeling of peace and contentment in the air. As we finished our food, we sat for a while longer, just enjoying the peaceful

En una cafetería

Era una fría mañana **de otoño** y había quedado con mi amiga Lily en nuestra cafetería favorita para tomar un café. Me abrigué con mi abrigo y mi bufanda y me puse en marcha. Las hojas se caían de los árboles y el aire era un poco frío, pero el sol brillaba y prometía ser un día precioso. Mientras caminaba, **pensé** en lo bueno que era tener una amiga como Lily. Éramos amigas desde hacía años, desde que nos conocimos en **la universidad**. Nos unía nuestra afición al café y a pasar tiempo charlando en las cafeterías. Aunque ahora vivíamos en zonas distintas de la ciudad, nos las arreglábamos para quedar para tomar un café una vez a la semana. Llegué a la cafetería y Lily ya estaba allí, esperándome. Nos abrazamos y pedimos nuestros cafés. Encontramos una mesa junto a la ventana y nos sentamos a charlar. El **café** estaba delicioso, como siempre, y fue muy agradable ponerse al día con Lily. Hablamos de nuestra semana, nuestros trabajos y nuestros planes para el futuro. Siempre era tan fácil hablar con Lily, y sentía que podía contarle cualquier cosa. Después de un rato, empezamos a tener hambre y **decidimos** pedir algo de comida.

Pedimos la comida y nos sentamos junto a la ventana. El sol entraba por la ventana, haciendo que todo fuera cálido y alegre. Charlamos mientras comemos, disfrutando del simple placer de estar en **compañía** del otro. La cafetería estaba llena de gente, pero no se sentía abarrotada. Había una sensación de paz y

atmosphere. We talked for a while about different things that had been going on in our lives. It was so nice to catch up with my friend and just **relax**. The sun was shining through the window, and it felt like **nothing** could ruin our perfect day.

Suddenly, I heard a loud crash. I turned around to see that a man had fallen through the ceiling and was lying on the floor in front of us. He was **covered** in dust and debris and appeared to be unconscious. My friend and I were both in shock as we stared at the man lying on the floor. We didn't know what to do or who to call for help. We just sat there staring at him, not knowing what to do. After a few minutes, I snapped out of it and called 911. The operator told me that someone would be there soon. I hung up the phone and told my friend what the **operator** had said. We both just sat there waiting for help to arrive. It felt like forever, but eventually an ambulance **showed** up. The paramedics rushed in and started working on the man. They quickly determined that he was injured and needed to be taken to the **hospital**. My friend and I were relieved that help had arrived and that the man was going to be okay. We **finished** our food and went on with our day, thankful that everything turned out alright in the end.

satisfacción en el aire. Cuando terminamos nuestra comida, nos sentamos un rato más, disfrutando de la **atmósfera de** paz. Hablamos durante un rato de diferentes cosas que nos habían pasado en la vida. Fue muy agradable ponerse al día con mi amigo y **relajarse**. El sol brillaba a través de la ventana y parecía que **nada** podía arruinar nuestro día perfecto.

De repente, oí un fuerte golpe. Me di la vuelta y vi que un hombre había caído por el techo y estaba tendido en el suelo frente a nosotros. Estaba **cubierto** de polvo y escombros y parecía estar inconsciente. Mi amigo y yo nos quedamos en estado de shock mientras miramos al hombre tendido en el suelo. No sabíamos qué hacer ni a quién pedir ayuda. Nos quedamos sentados mirándole, sin saber qué hacer. Al cabo de unos minutos, me recuperé y llamé al 911. La operadora me dijo que alguien llegaría pronto. Colgué el teléfono y le conté a mi amigo lo que había dicho la operadora. Nos quedamos sentados esperando a que llegara la ayuda. Me pareció una eternidad, pero finalmente **apareció** una ambulancia. Los paramédicos se apresuraron a entrar y comenzaron a trabajar en el hombre. Rápidamente determinaron que estaba herido y que había que llevarlo al **hospital**. Mi amigo y yo nos sentimos aliviados de que la ayuda hubiera llegado y de que el hombre fuera a ponerse bien. **Terminamos** nuestra comida y seguimos con nuestro día, agradecidos de que al final todo saliera bien.

Preguntas de comprensión

1. Where does the man who falls through the roof come from?

2. Why is the woman with her friend in the café?

3. What is the two friends' favorite café?

4. How long have the two friends known each other?

5. What is the two friends' favorite drink?

6. In which city do the two friends live?

7. How often do the two friends meet?

8. What do the two friends talk about when they first meet at their favorite café?

9. What is the favorite food of the two friends?

10. Why is it so easy to talk to Lily?

Comprehension
Questions

1. ¿De dónde viene el hombre que cae por el tejado?

2. ¿Por qué está la mujer con su amiga en el café?

3. ¿Cuál es el café favorito de los dos amigos?

4. ¿Desde cuándo se conocen los dos amigos?

5. ¿Cuál es la bebida favorita de los dos amigos?

6. ¿En qué ciudad viven los dos amigos?

7. ¿Con qué frecuencia se encuentran los dos amigos?

8. ¿De qué hablan los dos amigos cuando se encuentran por primera vez en su café favorito?

9. ¿Cuál es la comida favorita de los dos amigos?

10. ¿Por qué es tan fácil hablar con Lily?

Going Swimming

The pool was always a **refreshing** place to be, and today was no different. The sun was shining and the water looked inviting. I took a deep breath and dove in, feeling the cool embrace of the water. I swam laps for a while, enjoying the exercise and the chance to clear my head. After a while, I got out and dried off, then sat down on a towel to relax in the sun. I closed my eyes and let the **warmth** wash over me, feeling my muscles start to relax. Suddenly, I heard a splash and opened my eyes to see my little sister **paddling** around in the shallow end. I smiled and watched her for a while, then stood up and walked over to her. We chatted for a bit and paddled around together, enjoying each other's company. Soon, our parents joined us, and we spent the rest of the afternoon swimming and playing games together. It was always so nice to spend time with the family at the pool. There's **something** about being in the water that just seems to bring people together. Maybe it's because we're all equal when we're in the water—we can't hide our flaws or pretend to be something we're not. Or maybe it's just because it's fun! **Whatever** the reason, I was just glad that we could all come together and enjoy each other's company in such a special place.

The sun was beating down on my skin and the smell of chlorine was in the air. I could hear the sounds of kids laughing and splashing around in the pool. I was lying on a **lounge** chair next to the pool, soaking up the sun

Ir a nadar

La piscina siempre era un lugar **refrescante,** y hoy no era diferente. El sol brillaba y el agua parecía atractiva. Respiré profundamente y me zambullí, sintiendo el fresco abrazo del agua. Nadé un rato, disfrutando del ejercicio y de la oportunidad de despejar la cabeza. Después de un rato, salí y me sequé, y me senté en una toalla para relajarme al sol. Cerré los ojos y dejé que el **calor** me bañara, sintiendo que mis músculos empezaban a relajarse. De repente, oigo un chapoteo y abro los ojos para ver a mi hermana pequeña **remando** en la parte menos profunda. Sonreí y la observé durante un rato, luego me levanté y me acerqué a ella. Charlamos un rato y remamos juntas, disfrutando de la compañía de la otra. Pronto se unieron nuestros padres y pasamos el resto de la tarde nadando y jugando juntos. Siempre es muy agradable pasar tiempo con la familia en la piscina. Hay **algo** en el agua que parece unir a la gente. Tal vez sea porque todos somos iguales cuando estamos en el agua, no podemos ocultar nuestros defectos ni fingir lo que no somos. O tal vez porque es divertido. **Cualquiera que sea** la razón, me alegro de que hayamos podido reunirnos y disfrutar de la compañía de los demás en un lugar tan especial.

El sol golpeaba mi piel y el olor a cloro estaba en el aire. Oigo el sonido de los niños riendo y chapoteando en la piscina. Estaba tumbada en una tumbona junto a la piscina, tomando el sol y **disfrutando** del día. Tenía los ojos cerrados y estaba a punto de dormirme cuando oí que alguien se acercaba a mí. Abrí los ojos y vi a una

and **enjoying** the day. I had my eyes closed and was just about to drift off to sleep when I heard someone walking up to me. I opened my eyes and saw a woman standing next to me. She was wearing a bikini and had a towel wrapped around her waist. She had long blonde hair and blue eyes. She was holding a bottle of **sunscreen** in her hand. "Do you mind if I put some sunscreen on your back?" she asked. "No, that's fine," I said, sitting up so she could reach my back. I felt her hands on my skin as she applied the sunscreen.

Her touch was gentle and the scent of the sunscreen was soothing. I closed my eyes again and let myself relax. I could hear the **sound** of her moving around, but I didn't open my eyes. I was content just lying there in the sun, listening to the sound of the waves **crashing** against the shore. After a few minutes, she walked away, and I opened my eyes. I watched her as she walked back to her lounge chair and picked up her book. She settled into her chair and began reading. I closed my eyes again and let myself drift off to sleep. I **dreamed** that I was swimming in the pool, doing laps back and forth. The water was refreshing and cool on my skin. I could feel the sun on my face and the warmth of the water surrounding me. I swam for what **seemed** like hours, until finally I reached the other side of the pool and climbed out. I towelled myself off and lay down on my lounge chair. I felt someone sit down next to me, and I opened my **eyes** to see the woman from earlier. She handed me a cold drink, and we sat there together, enjoying the sun and each other's company.

mujer de pie junto a mí. Llevaba un bikini y una toalla alrededor de la cintura. Tenía el pelo largo y rubio y los ojos azules. Llevaba un bote de **crema solar** en la mano. "¿Te importa si te pongo un poco de crema solar en la espalda?", me preguntó. "No, está bien", dije, sentándome para que pudiera alcanzar mi espalda. Sentí sus manos en mi piel mientras me aplicaba el protector solar.

Su tacto era suave y el aroma de la crema solar era relajante. Volví a cerrar los ojos y me relajé. Podía oír el **sonido** de sus movimientos, pero no abrí los ojos. Me contenté con estar tumbado al sol, escuchando el sonido de las olas **que** chocaban contra la orilla. Después de unos minutos, se alejó y abrí los ojos. La observé mientras volvía a su tumbona y cogía su libro. Se acomodó en su silla y empezó a leer. Volví a cerrar los ojos y me dejé llevar por el sueño. **Soñé** que nadaba en la piscina, dando vueltas de un lado a otro. El agua era refrescante y fresca en mi piel. Podía sentir el sol en mi cara y el calor del agua rodeándome. Nadé durante lo que **me parecieron** horas, hasta que finalmente llegué al otro lado de la piscina y salí. Me secé con una toalla y me tumbé en la tumbona. Sentí que alguien se sentaba a mi lado y abrí **los ojos** para ver a la mujer de antes. Me dio una bebida fría y nos sentamos juntos, disfrutando del sol y de la compañía del otro.

Preguntas de comprensión

1. Where was the narrator when the story begins?

2. What does the narrator smell when he opens his eyes?

3. What does the narrator hear when he opens his eyes?

4. Whose sunscreen does the woman give the narrator?

5. What does the narrator dream about?

6. Why is swimming in the ocean so special to the narrator?

7. What does the water feel like when the narrator swims in it?

8. What does the narrator see when he comes out of the water?

Comprehension Questions

1. ¿Dónde estaba el narrador cuando comienza la historia?

2. ¿Qué huele el narrador cuando abre los ojos?

3. ¿Qué oye el narrador cuando abre los ojos?

4. ¿De quién es el protector solar que le da la mujer al narrador?

5. ¿Con qué sueña el narrador?

6. ¿Por qué nadar en el mar es tan especial para el narrador?

7.¿Cómo se siente el agua en la que nada el narrador?

8. ¿Qué ve el narrador cuando sale del agua?

Mowing the Lawn

It's 10 in the morning on a summer **Saturday**, and the sun is already beating down mercilessly. You trudge out to the garage to fetch the lawn mower, feeling like you're being **sentenced** to hard labor. You start mowing the lawn, making sure to go nice and slow so you don't miss any spots. As you're mowing, you think about how good it feels to be outside in the fresh air. As you start pushing the mower back and forth across the lawn, you see your neighbour out of the corner of your **eye**. You wave and say hi, and he waves back.

After a few minutes, you're done, and you head over to your neighbour's house to have a beer with him in the front garden. It's a **perfect** day—not too hot, with a gentle breeze blowing. You sit there in the shade of the tree, sipping your beer and chatting with your neighbour. It's days like this that make you appreciate summertime. Then you **head** inside for a well-deserved beer. You flop down in a chair on the front porch and crack open the can, letting out a contented sigh. The sound of the mower fades into the background as you relax in the shade, enjoying the **peacefulness** of the moment. The beer tastes extra good after all that hard work in the heat. I was about to head inside when I heard a noise next door.

It **sounded** like someone was crying. I stopped mowing and walked over to the fence that separated our yards. I peered over and saw my neighbor, Mrs. Johnson, crying on her porch swing. I called out to her, but she

Cortar el césped

Son las 10 de la mañana de un **sábado** de verano y el sol ya está pegando sin piedad. Te diriges al garaje para coger el cortacésped, con la sensación de estar **condenado** a realizar trabajos forzados. Empiezas a cortar el césped, asegurándote de ir despacio para no perder ningún punto. Mientras cortas, piensas en lo bien que te sientes al aire libre. Cuando empiezas a empujar el cortacésped de un lado a otro del césped, ves a tu vecino de **reojo**. Le saludas con la mano y él te devuelve el saludo.

Después de unos minutos, has terminado y te diriges a la casa de tu vecino para tomar una cerveza con él en el jardín delantero. Es un día **perfecto**: no hace demasiado calor y sopla una suave brisa. Te sientas a la sombra del árbol, bebes tu cerveza y charlas con tu vecino. Son días como éste los que te hacen apreciar el verano. Luego entras a tomar una merecida cerveza. Te tumbas en una silla del porche y abres la lata, dejando escapar un suspiro de satisfacción. El sonido del cortacésped pasa a un segundo plano mientras te relajas a la sombra, disfrutando de la **tranquilidad del** momento. La cerveza sabe muy bien después de todo el trabajo duro en el calor. Estaba a punto de entrar cuando oigo un ruido en la puerta de al lado.

Parecía que alguien estaba llorando. Dejé de cortar el césped y me acerqué a la valla que separaba nuestros patios. Me asomé y vi a mi vecina, la señora Johnson, llorando en el columpio de su porche. La llamé, pero

didn't hear me. I climbed over the fence and walked over to her. "Mrs. Johnson, are you okay?" I asked. She looked up at me with tears in her eyes and shook her head. "No, I'm not okay," she said. "My cat died yesterday." I was shocked. I didn't know what to say. I just stood there awkwardly, not knowing what to do. Finally, I put my hand on her **shoulder** and said, "I'm so sorry, Mrs. Johnson. If there's anything I can do to help, please let me know. " She shook her head and said, "No, there's **nothing** anyone can do." Then she got up and went inside her house. I stood there for a moment, not knowing what to do. Then I went back to mowing my lawn. As I finished up, I couldn't help but think about Mrs. Johnson and her cat.

no me oyó. Trepé por la valla y me acerqué a ella. "Sra. Johnson, ¿está usted bien?" le pregunté. Me miró con lágrimas en los ojos y negó con la cabeza. "No, no estoy bien", dijo. "Mi gato murió ayer". Me sorprendió. No sabía qué decir. Me quedé de pie, sin saber qué hacer. Finalmente, le puse la mano en **el hombro** y le dije: "Lo siento mucho, señora Johnson. Si hay algo que pueda hacer para ayudar, por favor hágamelo saber". "Ella negó con la cabeza y dijo: "No, **no hay nada** que nadie pueda hacer". Luego se levantó y entró en su casa. Me quedé allí un momento, sin saber qué hacer. Luego volví a cortar el césped. Mientras terminaba, no pude evitar pensar en la señora Johnson y su gato.

Preguntas de comprensión

1. What time is it?

2. Where is the person mowing?

3. How does the person feel?

4. Why does the person have to mow slowly?

5. What kind of weather is it?

6. What is the person doing after mowing?

7. What does the person hear before going home?

8. Whois with Mrs. Johnson?

9. Why is Mrs. Johnson crying?

10. what does the person say to Mrs. Johnson?

Comprehension Questions

1. ¿Qué hora es?

2. ¿Dónde está la persona que corta el césped?

3. ¿Cómo se siente la persona?

4. ¿Por qué hay que segar despacio?

5. ¿Qué tiempo hace?

6. ¿Qué hace la persona después de segar?

7. ¿Qué oye la persona antes de irse a casa?

8. ¿Quién está con la Sra. Johnson?

9. ¿Por qué llora la Sra. Johnson?

10. ¿Qué le dice la persona a la Sra. Johnson?

Getting a Haircut

I had been meaning to get a haircut for weeks, but somehow always managed to put it off. But with **Christmas** just around the corner, I knew I couldn't put it off any longer. I didn't want to show up to my family's Christmas dinner looking like a scruffy mess. So, early on Christmas morning, I made my way to the salon. Even though it was early, the salon was already busy with other people **getting** their hair done for the holiday. I took my place in the line and waited my turn. Finally, it was my turn in the chair. The stylist, a friendly woman named Jill, asked me what I wanted. "Just a trim, nothing too drastic," I replied. Jill got to work, snipping away at my hair. As she worked, I began to relax. It felt good to finally be taking care of myself. I had been so busy lately, running around taking care of everyone else, that I had let my own needs fall by the wayside. But not **anymore**. From now on, I was going to make time for myself.

When Jill was finished, I looked in the mirror and was pleased with what I saw. My hair looked tidy and polished—perfect for holiday gatherings. I **thanked** Jill and made a **mental** note to come back more often. From now on, I will take care of myself first and foremost. She got to work snipping away at my hair. I thought about how thankful I was that I had finally gotten around to getting my haircut. It felt good to know that I would look presentable for Christmas **dinner**. No longer would I have to worry about my family teasing

Cortarse el pelo

Llevaba semanas queriendo cortarme el pelo, pero siempre me las arreglaba para posponerlo. Pero con **la Navidad a** la vuelta de la esquina, sabía que no podía posponerlo más. No quería llegar a la cena de Navidad de mi familia con un aspecto desaliñado. Así que, a primera hora de la mañana de Navidad, me dirigí a la peluquería. Aunque era temprano, la peluquería ya estaba ocupada con otras personas que se **estaban** peinando para las fiestas. Me puse en la cola y esperé mi turno. Finalmente, me tocó el turno de la silla. La estilista, una amable mujer llamada Jill, me preguntó qué quería. "Sólo un recorte, nada demasiado drástico", respondí. Jill se puso a trabajar, recortando mi pelo. Mientras trabajaba, empecé a relajarme. Me sentí bien por fin cuidando de mí misma. Últimamente había estado tan ocupada, corriendo de un lado a otro cuidando de todos los demás, que había dejado de lado mis propias necesidades. Pero **ya** no. A partir de ahora, iba a sacar tiempo para mí.

Cuando Jill terminó, me miré en el espejo y quedé satisfecha con lo que vi. Mi cabello se veía ordenado y pulido, perfecto para las reuniones navideñas. **Le di las gracias a Jill** y tomé nota de que volvería más a menudo. A partir de ahora, lo primero que haré será cuidarme a mí misma. Se puso a trabajar cortando mi cabello. Pensé en lo agradecida que estaba de haberme cortado el pelo por fin. Me sentí bien al saber que estaría presentable para la **cena de** Navidad.

me about my "scruffy" appearance. After a few minutes, the stylist was finished trimming my hair and gave me a quick blow dry. I looked in the mirror and was happy with what I saw—a clean-cut look that would be perfect for Christmas dinner. Now that my haircut was out of the way, I could focus on enjoying the holiday with my family. And I was even more thankful for that.

It felt so **liberating**, and I loved the way my new haircut looked. After I paid for my haircut, I went home and started packing for my trip. I **couldn't** wait to show off my new look to my family and friends. I knew they would be surprised when they saw me. On the day of my flight, I arrived at the airport with plenty of time to spare. I went through security without any problems, and soon I was on my way. As soon as I arrived at my destination, I could feel the excitement in the air. Christmas was definitely in the air! My family was there to greet me at the airport, and they were all amazed at my new haircut. We spent the next few days **catching** up and enjoying each other's **company**. On Christmas Eve, we all went to church together and sang carols. It was a perfect holiday. I'm so glad I got my haircut before going on vacation. It made the whole experience even more special. Every time I look back at **photos** from that trip, I'll always remember how good it felt to finally get rid of all that dead weight and start fresh with a new look.

Ya no tendría que preocuparme de que mi familia se burlara de mi aspecto "desaliñado". Después de unos minutos, el estilista terminó de cortarme el pelo y me secó rápidamente. Me miré en el espejo y me sentí feliz con lo que vi: un aspecto limpio que sería perfecto para la cena de Navidad. Ahora que mi corte de pelo había terminado, podía centrarme en disfrutar de las vacaciones con mi familia. Y estaba aún más agradecida por ello.

Me sentí muy **liberada** y me encantó el aspecto de mi nuevo corte de pelo. Después de pagar mi corte de pelo, me fui a casa y empecé a hacer la maleta para mi viaje. Me **moría de** ganas de enseñar mi nuevo look a mi familia y amigos. Sabía que se sorprenderían cuando me vieran. El día de mi vuelo, llegué al aeropuerto con tiempo de sobra. Pasé el control de seguridad sin problemas y pronto me puse en camino. En cuanto llegué a mi destino, pude sentir la emoción en el aire. Definitivamente, ¡la Navidad está en el aire! Mi familia estaba allí para recibirme en el aeropuerto, y todos estaban sorprendidos por mi nuevo corte de pelo. Pasamos los siguientes días **poniéndonos al** día y disfrutando de la **compañía de los** demás. En Nochebuena, fuimos todos juntos a la iglesia y cantamos villancicos. Fueron unas vacaciones perfectas. Me alegro mucho de haberme cortado el pelo antes de irme de vacaciones. Hizo que toda la experiencia fuera aún más especial. Cada vez que miro **las fotos** de ese viaje, siempre recuerdo lo bien que me sentí al deshacerme por fin de todo ese peso muerto y empezar de cero con un nuevo look.

Preguntas de comprensión

1. What did the protagonist need to do before Christmas?

2. How did the protagonist feel about taking care of herself?

3. Who trimmed the protagonist's hair?

4. Why was the protagonist's family going to tease her?

5. How did the protagonist feel after getting her haircut?

6. What did the protagonist do after getting her haircut?

7. What was the protagonist's family's reaction to her haircut?

8. What did the protagonist do on Christmas Eve?

Comprehension Questions

1. ¿Qué tenía que hacer el protagonista antes de Navidad?

2. ¿Cómo se sentía la protagonista al cuidar de sí misma?

3. ¿Quién recortó el pelo del protagonista?

4. ¿Por qué la familia de la protagonista iba a burlarse de ella?

5. ¿Cómo se sintió la protagonista después de cortarse el pelo?

6. ¿Qué hizo la protagonista después de cortarse el pelo?

7. ¿Cuál fue la reacción de la familia de la protagonista ante su corte de pelo?

8. ¿Qué hizo el protagonista en Nochebuena?

The Park

The sun was setting, and the park was empty. I sat on the bench, waiting for my **friend**. We had planned to meet here an hour ago, but she was always late. Just as I was about to give up and go home, I saw her running towards me.

"I'm so sorry," she panted as she reached the bench. "My train was **delayed**."

"It's okay," I said **forgivingly**. "I just got here myself."

We sat down and chatted for a while, catching up on each other's lives since we last met. The conversation flowed **easily**, and it felt like no time had passed at all since we last saw each other. As the sun set, we said our goodbyes and went our separate ways. The next time we met, it was in a different park. Again, she was late, but I didn't mind. It was nice to have someone to talk to who **understood** me. We talked about our dreams and **aspirations**, things we wanted to do with our lives. She told me about her plans to travel the world, and I shared my dream of becoming a writer. As the sun set on another day, we said goodbye once again, promising to keep in touch this time.

Years passed, and our **friendship** remained strong even though we lived in different parts of the country now. We kept in touch through letters and occasional phone calls, sharing news of our lives with each other. When she announced that she was getting married, I wasn't **surprised** - she had always been the **adventurous** type. But when she asked me if I would

El parque

El sol se ponía y el parque estaba vacío. Me senté en
el banco, esperando a mi **amiga**. Habíamos quedado
aquí hace una hora, pero ella siempre llegaba tarde.
Justo cuando estaba a punto de rendirme y volver a
casa, la vi correr hacia mí.
"Lo siento mucho", jadeó al llegar al banco. "Mi tren se
retrasó".
"Está bien", dije **con perdón**. "Acabo de llegar yo
mismo".
Nos sentamos y charlamos un rato, poniéndonos al
día de la vida de cada uno desde la última vez que nos
vimos. La conversación fluye con **facilidad** y parece
que no ha pasado nada de tiempo desde la última vez
que nos vimos. Al ponerse el sol, nos despedimos y nos
fuimos por caminos distintos. La siguiente vez que nos
vimos fue en otro parque. De nuevo, llegó tarde, pero
no me importó. Era agradable tener a alguien con quien
hablar y que me **entendiera**. Hablamos de nuestros
sueños y **aspiraciones**, de las cosas que queríamos
hacer con nuestras vidas. Ella me contó sus planes
de viajar por el mundo, y yo compartí mi sueño de
convertirme en escritor. Al ponerse el sol un día más,
nos despedimos una vez más, prometiendo que esta
vez nos mantendríamos en contacto.

Pasaron los años y nuestra **amistad** siguió siendo
fuerte, aunque ahora vivíamos en diferentes partes del
país. Nos mantuvimos en contacto mediante cartas
y llamadas telefónicas ocasionales, compartiendo

be her maid of honor at her wedding ceremony taking place halfway around the world from where I lived... that took some convincing! In the end though I couldn't let my best friend get married without me by her side so despite my fears (and after much pleading from her!)I **agreed** to go along for what turned out to be the **adventure** of a lifetime.

The day of the **wedding** finally arrived. I was nervous, but excited to be a part of such an important moment in my friend's life. The ceremony was beautiful, and she looked happy as she said her vows. **Afterward**, we celebrated with a big party – it seemed like everyone she knew had come to celebrate with her! It was a **magical** day that will never forget, and our friendship only grew stronger after that adventure. Now, years later, we still keep in touch. We've both **changed** a lot since we first met, but our friendship is as strong as ever. Whenever we meet up - whether it's in a park or **halfway** around the world - it feels like no time has passed at all.

noticias de nuestras vidas. Cuando anunció que se iba a casar, no me **sorprendió**, ya que siempre había sido una **aventurera**. Pero cuando me pidió que fuera su dama de honor en la ceremonia de su boda, que se celebraba al otro lado del mundo desde donde yo vivía... ¡hubo que convencerla! Al final, no podía dejar que mi mejor amiga se casara sin estar a su lado, así que, a pesar de mis temores (¡y tras muchas súplicas por su parte!), acepté acompañarla en lo que resultó ser la **aventura** de su vida.

Por fin llegó el día de la **boda**. Estaba nerviosa, pero emocionada por formar parte de un momento tan importante en la vida de mi amiga. La ceremonia fue preciosa, y ella parecía feliz mientras decía sus votos. **Después**, lo celebramos con una gran fiesta: ¡parecía que todos sus conocidos habían venido a celebrarlo con ella! Fue un día **mágico** que nunca olvidaré, y nuestra amistad no hizo más que fortalecerse después de aquella aventura. Ahora, años después, seguimos en contacto. Las dos hemos **cambiado** mucho desde que nos conocimos, pero nuestra amistad es tan fuerte como siempre. Cada vez que nos encontramos, ya sea en un parque o en **el otro lado del mundo**, parece que no ha pasado el tiempo.

Preguntas de comprensión

1. Where did the author and her friend first meet?

2. Why was the author's friend late to their meeting?

3. What did the friends talk about when they met up again years later?

4. How did the author feel about attending her friend's wedding ceremony?

5. Describe the setting of the wedding ceremony.

6. How has the friendship between the two women changed over time?

7. What is the author's dream?

8. Where does the author's friend plan to travel?

9. Why was the author hesitant to attend her friend's wedding ceremony?

Comprehension Questions

1. ¿Dónde se conocieron la autora y su amiga?

2. ¿Por qué el amigo del autor llegó tarde a su reunión?

3. ¿De qué hablaron los amigos cuando se reencontraron años después?

4. ¿Cómo se sintió la autora al asistir a la ceremonia de la boda de su amiga?

5. Describe el escenario de la ceremonia de la boda.

6. ¿Cómo ha cambiado la amistad entre las dos mujeres a lo largo del tiempo?

7. ¿Cuál es el sueño del autor?

8. ¿Dónde piensa viajar el amigo del autor?

9. ¿Por qué la autora dudaba en asistir a la ceremonia de boda de su amiga?

www.ingramcontent.com/pod-product-compliance
Lightning Source LLC
Chambersburg PA
CBHW071621150726
48000CB00004B/1830